사 진 으 로
보 는
허 대 만

어린 시절. 왼쪽부터 허대만, 동생, 누나

포항중학교 시절

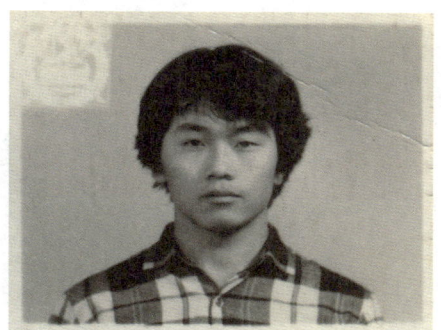

스무 살 무렵

대학시절

포항경실련 시절

1995년 포항시의원 선거 출마 때

浦項시 松島동 출마 許大萬씨

全國 최연소 市의원 당선

전국 최연소로 시의회에 당선한 許大萬씨가 어머니 鄭옥분씨를 업고 좋아하고있다.

만26세…지방정치 첫도전에 入城

「20대 시의원을 만들어준 시민들의 기대에 어긋나지 않도록 참신하고 인정받는 시의원이 되겠습니다.」

전국에서 최연소 시의원에 당선된「69년 4월20일생」許大萬후보(허대만). 26)는 28일 새벽 당선을 축하하기 위해 선거사무실에 몰려든 이웃친지들에게 기대를 저버리지 않는 늘깨있는 시의원이 되겠다고 다짐했다.

許씨는 2명의 시의원을 뽑는데 6명이 다툰 松島선거구에서 1만2천4백66표가운데 1천8백49표를 획득, 金욱후보(4천63표)에 이어 2번째로 시의원에 입성.

87년 大東고, 93년 서울대 정치학과를 졸업, 이제 막 지방정치에 뛰어든 許씨에게 이번 당선은 놀랄만한 성과로 평가받고 있다.

특히 선거운동기간동안 타후보에 비해 턱없이 어린 나이가 약점으로 작용, 고전을 예상했다는 許씨는 자신의 젊음이 오히려 새로운 것을 기대하는 시민들의 뜻과 일치해 좋은 결과를 낳게 했다며 자신을 이해해준 시민들에게 거듭 감사의 뜻을 전했다.

〈金龍河기자〉

전국 최연소 시의원 당선 관련 기사

포항시의원 당선 확정 후 어머니를 업고(1995)

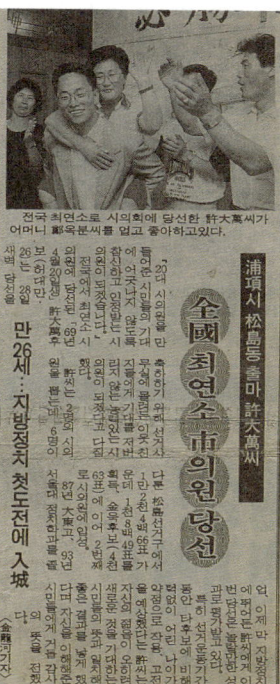

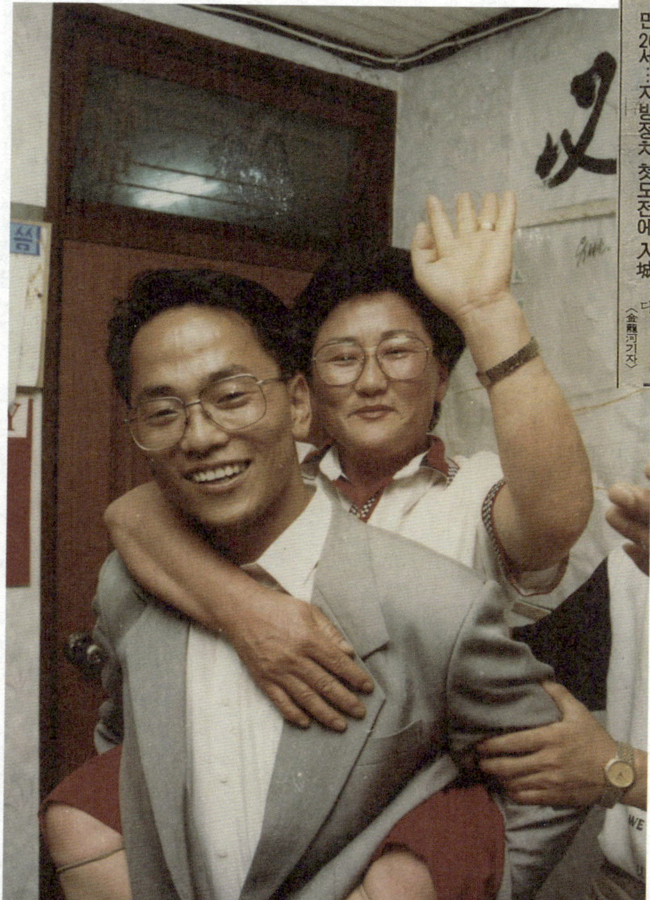

포항시의원 시절

지방자치학교 활동(2006)

2008년 포항 남·울릉 국회의원선거를 앞두고

서경산업 근무 시절(2010)

2010년 포항시장 선거

가족과 함께(2011)

새만금에서 서울대 정치학과 동기들과 함께(2011)

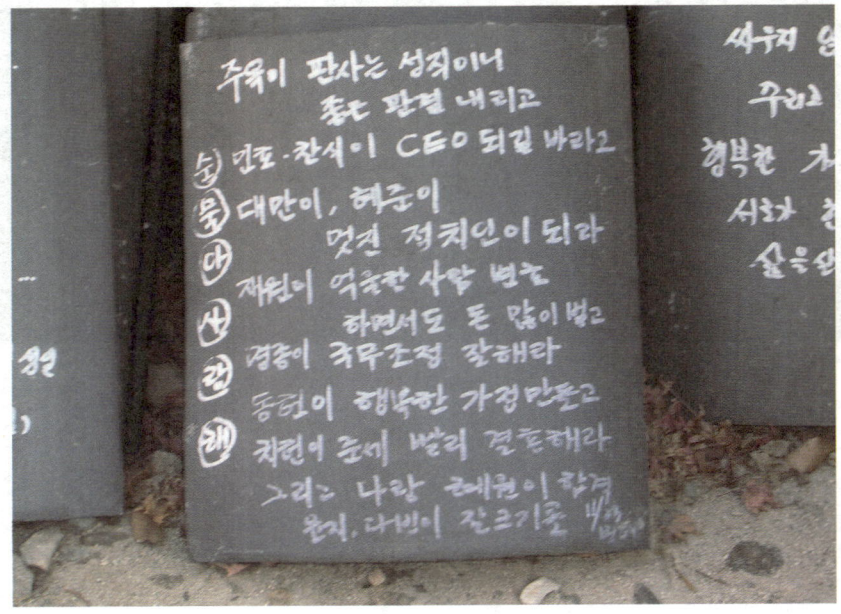

내소사에서 서울대 정치학과 동기들과 함께(2011)

허대만의 서울대 정치학과 동기 중에 종원 스님이 있다. 서울대 정치학과 동기와 포항 친구들이 통도사에서 하안거 중인 종원 스님을 찾아갔을 때(2015). 왼쪽에서 다섯 번째가 MBC 기자였던 故 이용마. 이용마는 허대만보다 3년 먼저인 2019년 지병으로 작고했다. 이용마의 기일은 8월 21일, 허대만은 8월 22일이다.

2013년 10월 포항 남·울릉 국회의원 보궐선거

2017년 11월 포항지진 직후 흥해에서 김부겸 행정안전부 장관, 이강덕 포항시장과 함께

2020년 포항 남·울릉 국회위원선거 때 가족들과 함께

2020년 포항 남·울릉 국회의원선거 출마선언 기자회견

공존의 정치

공존의 정치 허대만

허대만 3주기 추모문집

허대만추모문집발간위원회 기획

책을 내며

 떠났으나 잊지 못할 이름이 있다. 허대만이 그렇다. 그가 정치인이었기에 진영에 따라 그에 대한 평가가 다를 수 있지만, 진영을 초월해 '좋은 정치인'으로 인정받았다는 것은 자명한 사실이다. 그렇기에 그가 우리 곁을 떠난 후, 더 거센 탁류가 소용돌이치는 정치현장을 목도하고 있는 우리들에게 그의 이름은 사무치게 다가온다.

 허대만은 '사람은 한양으로 보내고 말은 제주도로 보내라'는 속담에 정면으로 도전한 정치인이다. 서울대 정치학과를 졸업한 후 고향 포항으로 돌아와 시민운동단체와 시의회를 거쳐 정치에 투신했다. "청년이여 고향으로 돌아가 시장이 되자"고 외쳤고, "기초의원 출신 대통령이 탄생하게 될지도 모른다. 이때가 우리나라에서 민주주의가 제대로 되는 날로 역사에 기록될 것"이라는 주장을 펼쳤다.

 허대만이 든 깃발은 지역주의의 강고한 벽을 넘지 못했다. 1995년 26세 때 전국 최연소 시의원에 당선되었지만, 그 후 일곱 번의 선거에서 모두 패했다. 이 책에 나오지만 허대만은 거듭되는 패배에도 '총알받이'의 심정으로 계속 깃발을 들었다. 그의 영혼과 육체는 지칠 수밖에 없었고 결국 지병을 이기지 못한 채 2022년 늦여름에 숨을 거두었다. 사후(死後)에 허대만은 지역주의에 도전하다 스러진 상징으로 조명받았고, 지역주의를 완화하는 이른바 '허대만법' 추진을 위한 토론회와 강연회가 열렸다.

허대만과 함께했던 지인들은 그의 삶과 정신을 기리는 사업의 일환으로 추모 문집을 발간하기로 뜻을 모았다. 이 문집에는 크게 두 가지 내용이 담겨 있다. 하나는 그의 정치 역정과 고뇌를 정리한 '허대만의 생각'이다. 이 내용은 그가 생전에 낸 두 권의 책, 『지역을 바꿔야 나라가 바뀐다』(2002), 『영일만의 꿈』(2012)에서 선별했는데, 독자들의 이해를 돕기 위해 글의 순서를 바꾸고 일부 제목은 수정했음을 밝혀둔다.

또 하나는 허대만과 친분이 깊은 분들이 보내온 추모의 글, '허대만을 생각한다'이다. 다양한 각도에서 허대만을 조명한 이 글에서는 그의 정치 지도자로서 면모뿐만 아니라 성숙한 인간의 면모도 확인할 수 있다. 무모해 보일 수도 있는 그의 줄기찬 도전은 타고난 인품, 김태일 이사장이 말한 '마음이 여린 자의 용기'에 힘입어 가능했던 것이다. 특히 죽음 앞에서 의연했던 그의 마지막 모습을 회상한 대학 동기들의 글은 묵직한 감동으로 다가온다.

허대만은 근본적으로 공존의 세상, 공존의 정치를 실현하기 위해 헌신한 사람이다. 그가 생각하는 '공존'은 쉽고도 간명하다. "상대가 있기에 내가 존재할 수 있다고 생각하며 서로 한발씩 양보하는 것"이다. 그는 이처럼 건전한 상식의 정치를 꿈꾸며 온몸을 던졌다. 지역주의 극복은 결국 공존의 세상을 실현하기 위해 가야만 하는 가시밭길이었다. 공존의 세상을 향한 그의 신념은 확고하고 논리는 체계적이었던 바, '공존'을 화두로 쓴 5편의 글이 이를 증명한다.

그뿐만 아니라, 그는 시대를 앞서간 혁신적인 사업가였다. 지금 산업계에서 이산화탄소 감축을 위한 공정 개발이 추진되고 있는데, 그는 2011년에 제철소 현장에서 이산화탄소를 포집, 활용할 수 있는 설비를 숱한 시행착오 끝에 직접 만들어 공장을 세웠다. 이 책의 「서경산업과 포스칼슘」에서 구체적인 정황을 생생하게 확인할 수 있다.

문집을 엮는 과정에서 많은 분의 동참과 도움이 있었다. 그분들께 진심으로 감사의 마음을 전한다.

허대만의 뜻과 꿈이 누군가의 가슴에 별이 되어 빛나기를 바라며, 이 문집을 고귀한 영혼 허대만의 영전에 바친다.

2025년 8월
허대만추모문집발간위원회

차례

사진으로 보는 허대만
책을 내며 20
추모시-탈상 26

허대만의 생각

가난했던 어린 시절, 그리고 행운	31
486의 막내, 새로운 시대의 맏이	35
26세, 최연소 시의원	40
구청 폐지와 대보매립장 논란	49
아쉬운 문화예술 지원 조례 폐기	58
무소속으로 출마하라고?	64
서경산업과 포스칼슘	71
아들 셋 딸 하나	80
지역을 바꿔야 나라가 바뀐다	85
기초의원 출신이 대통령 되는 날	93
정치 충원의 새로운 경로, 지방의회	97
청년이여, 고향으로 돌아가 시장이 되자	100
지역에서 희망을 찾자	105
지방화시대의 새로운 입법 경로	109
공존의 정치	113
공존의 정치체제	117
공존의 원리	121
공존의 논리	124
문명의 공존	128

시민경선제를 제안함	131
정치개혁에 거는 기대	135
탈중앙정치	138
역사는 희생 속에 전진한다	141
시민운동과 정당성	145
제3의 힘	148
선별적 복지에서 보편적 복지로	152
정치는 상상을 현실로 만드는 예술	157
제도가 문제다	161
풀뿌리 정책정당	164
지역주의는 기득권의 이데올로기	168
독도 분쟁의 해법	172
송림을 시민에게	176
시청 이전, 원점에서 생각하자	180
포항과 포항제철	183
포항, 대한민국 1퍼센트	187
남북관계와 포항의 미래	193
영일만 신항 발전의 조건	197
청해진의 꿈	202
'경포영울' 통합성을 높이자	206
구도심 재생	210
정보화와 대의민주주의	216
정보화와 참여민주주의	221
정보화와 개인	226
정보화와 시민운동	229
정보화와 여론형성	233
공룡의 운명, 기성 언론	236

허대만을 생각한다

지역과 나라의 미래를 고민하는 정치가	김부겸	243
지방자치의 상징과 같은 인물	김두관	247
휴머니스트 허대만을 그리며	안민석	250
우리는 그에게 빚이 있다	임미애	254
"큰일하고 오소. 먼저 가 있을게"	민병덕	257
당신의 날을 위해 준비한 축배주	박태식	261
보내고 싶지 않은 '형'	박희정	265
허대만의 마무리, 그 의연함에 대하여	김주옥	269
공동체의 이익을 가장 우선에 둔 사람	최재원	274
허대만과 함께해 주신 모든 분들께	허정	279
허대만과 노무현	박진영	283
오빠의 동생이어서 행복했습니다	허윤희	285
허대만의 길, 정치개혁의 꿈	김태일	287

신문 인터뷰	307
허대만 연보	315

추모시

탈상
— 벗 허대만의 영면 3주기를 맞아

고영민(시인)

당신이 앉았던 자리에
여름 모자 하나 놓여 있습니다

하늘은 더 높고 멀고
벌 하나가
꽃에서 꽃으로 자리를 옮깁니다

당신의 머리칼이 날려
내 얼굴에 닿습니다

여름은 부메랑처럼 다시 돌아올 것이고
우리는 땀을 뻘뻘 흘리며
또 더위를 말하겠지요

바람이 오는 쪽을 오래 바라봅니다

잠시 눈을 감고
당신 속으로 사라집니다

오늘은 모자의 주인이 찾아오겠지요
내 정신 좀 봐, 혼자 허허 웃으며
챙 넓은 여름모자를 챙겨
돌아가겠지요

긴 해바라기 꽃밭을 지나
아직 멀리 못 간
우리가 누구였는지 기억하는 그 여름을
다시 잠깐 데리고 와

허대만

허대만의

가난했던 어린 시절, 그리고 행운

　내가 아홉 살 때 아버지가 돌아가셨다. 아버지는 장기면에서 오천읍 문덕1리로 옮겨 일곱 마지기 농사를 짓다가 농한기에는 제철소로 막일을 다니셨다. 제철소에서 감전사고로 돌아가셨는데, 자세한 내막은 누구도 말해주지 않았다.
　서른두 살 아내와 열한 살, 아홉 살, 일곱 살 세 아이를 두고 어떻게 눈을 감았을지, 지금 생각해도 마음이 아프다. 나는 아버지의 얼굴조차 제대로 기억할 수 없다. 요즘처럼 산재나 사망보험 같은 게 없던 시절이라 회사에서 위로 차원으로 텔레비전 한 대 보내온 게 보상의 전부였다.
　아무런 연고도 없던 포항시내로 이사 온 홀어머니와 세 아이의 생활이 어떠했을까. 초등학교 2학년 겨울에 누나, 동생과 함께 연탄가스에 중독되어 마당에 내던져진 적이 있었다. 하루 종일 머리가 아팠지만 학교에 가지 않고 놀 수 있는 핑계가 되었기에 좋기도 했었다.

당시 상황은 스무 살이 넘어서 어머니한테 들었다. 생활이 너무 힘들었던 어머니가 아이들과 동반자살을 시도한 것이다. 어머니는 아이들이 잠이 들자 부엌으로 통하는 문을 열어놓고 연탄가스가 방으로 들어오도록 해놓았다. 하지만 내가 잠결에 큰 신음소리를 내는 바람에 더 이상 방치할 수 없었던 어머니가 세 아이를 마당에 내던졌던 것이다.

영흥초등학교에 다녔던 나는 힘이 세고 순발력이 좋았다. 4학년 때 축구부 형들이 연습하는 모습을 구경하다가 내 앞으로 굴러온 공을 힘차게 차서 돌려주었다. 이걸 본 축구부 감독 선생님이 축구부에 들어오지 않겠냐고 제안했고 나는 흔쾌히 응했다. 내 포지션은 왼쪽 수비수였다. 당시 포항·영일에서는 영흥초등학교 축구부 실력이 출중해서 항상 지역 대표팀이 되었다. 하지만 대구에서 벌어진 경북대표 선발전에서는 번번이 패해 전국대회에는 한 번도 출전하지 못했다.

열두 살 전후의 어린 축구선수들이었지만 연습 때는 무지하게 맞았다. 왜 그렇게 심하게 매질을 당하면서 축구를 했는지 지금 생각해 보면 이해가 되지 않는다. 우리가 얼마나 맞으면서 축구를 했는지는 부모님들도 몰랐다. 구타 사실을 집에 가서 말하는 것이 비겁한 짓이라고 생각했던 것 같다. 그때 함께 축구를 했던 친구들이 지금도 한 달에 한 번 모임을 하는데 심하게 맞았던 추억을 그 어떤 것보다 많이 공유하고 있었다.

초등학교 6학년 초부터 신문 배달을 시작해 중학교 2학년 때까지 계속했다. 세 달치 급여를 모으면 딱 한 분기 등록금이 되었다. 덕분에 한자가 많았던 신문기사를 꼼꼼히 읽었다. 공부하는 데도 큰 도움이 되었다. 영화 광고지를 신문에 삽지한 대가로 배달원들에게 공짜로 영화를 보여주곤 했는데 그것이 유일한 문화생활이었다. 당시 신문사 지국장은 이용수라는 분이었다. 그 부부가 나를 좋게 보아서 월급날이면 1000원을 더 얹어주었다. 부부는 훗날 내가 선거에 출마할 때마다 적잖은 도움을 주었다. 그분과의 인연은 그렇게 오랜 세월 이어졌다.

포항중학교 시절 2학년 담임이었던 강순구 선생님이 3학년 진학할 무렵 라이온스클럽 장학금을 주선해 주셨다. 덕분에 3년 동안의 신문 배달을 마감하고 공부에 전념할 수 있었다. 그때부터 팔자에 없는 공부를 무척 잘하는 학생이 되었다. 고등학교는 구미에 있는 금오공고에 진학하려 했다. 학비 부담이 없고 졸업하면 공군 기술하사관이 되는 것은 물론 성적 우수자는 공군사관학교에 입학할 수도 있는 기술계 고등학교였다. 하지만 대동고등학교 장학생 시험을 보면서 없던 일이 되었다.

대동고등학교에 입학한 것은 내 인생에 가장 큰 자산이 되었다. 수석 입학을 하면서 난생처음 남들의 주목을 받으며 공부하게 되었다. 1학년 때는 축구를 잘하는 다른 반 아이들을 찾아 한 팀을 구성해서 다른 학교와 경기를 하러 다녔다. 체육시간의 축구가 가장 큰 즐거움이었고, 거의 하루도 빠짐없이 썼던 일기가 위안이었다. 지금도 열 권이나 되는 일기장이 사무실에 있다.

돌이켜보면 내 또래는 거의 겪지 못했던 지독한 가난 속에서 살았지만 그다지 힘들거나 불편하지 않았다. 생활력이 강했던 어머니 덕택이기도 했고 힘들 때마다 나타났던 행운과 도움 덕분이기도 했다. 지금도 현실은 불안정하고 미래는 불투명하다. 하지만 불안과 걱정 없이 앞날을 낙관할 수 있는 것은 아무리 어려운 일이라도 결국에는 다 해결되더라는 어린 시절부터의 경험 때문인 것 같다.

가난했던 어린 시절이었지만 낙천적인 태도와 매사를 한쪽에 치우치지 않고 냉정하게 볼 수 있는 성격을 가지게 된 것, 이것이 나에게는 큰 행운이었다.

486의 막내, 새로운 시대의 맏이

1987년 초 어느 날, 대학입학 원서를 내기 위해 난생처음 서울에 갔다. 논술시험 치던 날 내리던 눈과 관악산은 좋아 보였지만 서울이라는 도시는 도무지 친근하게 다가오지 않았다. 서울 생활이 순탄하지만은 않았고, 가난한 시골학생에게는 모든 것이 힘들었다. 40대 중반이 된 지금도 서울이 불편하고 어색한 도시인 것은 그때의 인상과 기억이 지워지지 않기 때문인 것 같다. 학교 앞에 진을 치고 있던 전경들 모습도 어색하고 두려웠다. 게다가 입학하자마자 선배들이 대학본부를 점거하고 있어서 너무도 어수선한 게 대학의 첫인상이었다. 낯설고 어수선한 대학 분위기는 무엇 하나 집중할 수 없게 만들었다.

대학에 입학하면서 받은 문화적 충격은 엄청났다. 1학기 초에 있었던 총학생회장 선거에서 당선된 선배의 구호가 '식민의 한을 불살라라!'였다. 꽤 많은 선배들이 당시의 우리 사회를 미국의 식민지로 인식하고 있었다는 사실은 놀라움 그 자체였다. 낙선한 선배 쪽에서는 '제헌의회 소집하여 민주주의 민중공화국 수립하자!'는 구호를 외쳤다. 갑자기 딴 나라에 온 게 아닌가 싶을 정도로 생경한 구호가 홍수처럼 밀려들었다. 친척 하나 없는 낯선 서울생활에 적응하는 것도 힘들었지만 너무나 생소한 구호와 주장, 나와는 동떨어진 시대 인식이 적응을 더 힘들게 했다.

차츰 대학 분위기에 적응하면서 학과 활동과 동아리 활동도 했지만 온몸을 던지는 용감무쌍한 투사는 되지 못했다. 군사정권에 대한 반감은 강해서 학내 시위가 있으면 선배들과 함께 빠지지 않고 참여했다. 집회와 시위에 참여하는 것은 주저하지 않았다. 학살자들이 정권을 차지하고 있는 것을 용납하지 않는 건 민주시민이 마땅히 해야 할 일이고, 이를 외면하는 것은 비겁한 태도라고 생각했기 때문이다. 정치학과 내 학회에서 선배들과의 세미나를 수업보다 더 중요하게 생각하면서 열심히 공부했다.

6·10 민주항쟁이 신입생이었던 바로 그 시기에 일어났고, 그 뜨거운 시기를 거리에서 온몸으로 겪을 수 있었던 것도 큰 행운이었다. 민주항쟁 승리 이후 양김 분열로 민주세력이 대선에는 패했지만 대학과 사회의 민주화는 급물살을 탔다. 2학년 마칠 무렵 동생이 대학에 입학해야 할 형편이라 나는 휴학하고 군대에 가야 했다.

2년 후에 복학해도 학교 분위기는 크게 달라지지 않았다. 안동 출신의 김주옥이라는 정치학과 동기와 매우 친하게 지냈는데 내가 군대 간 사이 그 친구가 총학생회장을 했다. 복학해 보니 그 친구는 공안기관의 수배를 받고 있었고, 아침에 자취방에서 나오면 집 앞 전봇대에 그 친구의 수배 전단이 붙어 있었다. 둘이서 웃으며 그 전단을 보기도 했다. 그런 중에도 둘이서 서울 인근의 산을 많이 다녔다.

복학한 어느 날 우연히 서경석 목사의 학내 강연을 듣게 되었는데 공감하는 바가 매우 많았다. 서 목사는 학생운동이 폭력적이거나 불법적인 방법을 벗어나 합법적인 방법을 택해야 하며, 점진적인 개혁을 통해 사회 변화를 추구해야 한다고 강조했다. 특히 구체적인 생활상의 문제를 집중해서 해결해야 하며, 지나치게 이념적인 투쟁은 지양해야 한다고 했다. 경제정의시민연합의 창립을 주도한 서 목사는 재야 민중운동과는 다른 시민운동의 영역을 개척하고 있었다.

함께 강연을 들었던 학생들의 연락처를 확보해서 1991년 여름부터 경실련 대학생회를 조직하는 활동을 시작했다. 서울대, 연세대, 고려대, 서강대, 경희대, 숭실대, 외국어대에서도 소모임을 시작했고, 그해 여름 2박 3일간 합동 수련회를 속리산에서 가지면서 전국적인 연대의 틀이 만들어졌다. 그 사흘 동안 단 한 시간도 잠을 자지 않았는데도 정신이 맑을 정도로 열정적으로 수련회를 진행했다. 이듬해에는 각 대학별 모임을 묶어서 정식으로 경실련 대학생회를 결성했다. 작지만 색다른 움직임이 시작되었고, 새로운 대학생 운동을 통해 그 후 많은 시민단체 활동가들이 배출되었다. 기존 학생운동의 방향과 방법에 대한 문제제기를 통해 처음으로 나의 생각을 대외적으로 실천하는 활동을 한 셈이었다. 경실련 대학생회 활동은 그 후 포항경실련과 포항시의원 출마까지 이어져 내 인생의 방향을 결정한 선택이 되었다. 경실련에서 창간하려던 『시민의 신문』에 관한 교육이 마침 대학 졸업식 날이어서 졸업식도 제대로 치르지 못했다. 경실련 대학생회 활동은 그전까지만 해도 매우 좁았던 나의 인간관계를 폭넓게 만들어 주었다.

사실 경실련 활동은 우연한 일에서 시작되었다. 서경석 목사 강연회를 알리는 벽보를 투명테이프로 힘들게 붙이고 있던 정치학과 86학번 김승연 선배의 모습이 안쓰러워 그 일을 도와주다가 서 목사의 강연을 듣게 된 것이다. 사람의 인연이란 어떻게 풀려나갈지 아무도 모른다는 진리를 새삼 깨닫게 된다.

1968년에 태어나 1987년에 대학에 입학해서 6·10 민주항쟁을 경험한 우리 또래는 사실상 486세대의 막내다. 나는 학생운동의 최선봉에 서서 투옥을 되풀이하고 총학생회와 연대기구의 간부를 하거나 노동현장에 투신했던 선배세대와 약간은 다른 분위기에서 대학생활을 했다. 일부의 흐름이긴 했지만 새로운 방법과 방향을 모색한 것을 자랑스럽게 여겼고, 그런 기회가 나에게 있었던 것을 행운이라 생각했다. 1990년대에 각 분야의 시민운동이 꽃피게 된 사실이 나의 판단이 틀리지 않았음을 입증한다고 본다. 486세대의 막내지만 새로운 시대의 맏이가 되려 했던 대학생활이라 한다면 지나친 의미부여일까.

26세, 최연소 시의원

 이제 40대 중반의 나이가 되었지만 많은 포항시민들은 아직 나를 최연소 시의원으로 기억하고 있다. 송도동에서 시의원으로 당선될 때 26세라는 어린 나이가 많은 사람들에게 강렬한 인상을 심어주었고, 그것은 오랫동안 나의 첫인상이 되었다. 돌이켜보면 누가 봐도 무모한 도전이었기에 많은 사람들의 시선을 사로잡을 수 있었고 당선까지 될 수 있었던 게 아닐까 싶다.
 1993년에 대학을 졸업하고 대학원에서 공부하던 중 아무리 생각해도 학자는 나의 길이 아니라는 생각이 들었다. 돈이 없어 생활은 어려웠지만 직장생활을 시작하는 것은 인생을 포기하는 듯해서 싫었고, 고시 공부를 하는 친구도 많았지만 개인적인 성취만을 생각하는 길 같아 내키지 않았다. 무언가 과감하고 의미 있는 새로운 일을 하고 싶었다. 마침 대학시절 활동을 했던 경실련의 포항지부(포항경실련) 일을 해보라는 서경석 목사의 권유가 있어서 흔쾌히 고향으로 돌아와 경실련 활동을 시작했다.

경실련 간사로 일했던 1993년과 이듬해는 포항 정도의 중소도시에서 시민단체들이 우후죽순처럼 생겨나고 있었다. 마침 지역사회 곳곳에서 누적된 문제가 드러나고 있었다. 대표적인 사례가 유봉산업의 산업폐기물 매립장 붕괴 사고였다. 유봉산업이라는 지역기업에서 운영하던 대규모 폐기물 매립장의 제방이 붕괴된 것이었다. 이로 인해 산업폐기물이 일시에 쏟아져 인근 공단을 폐기물 천지로 만들어버렸다. 지역 시민사회단체는 연대기구를 만들어 공동 대응을 했다. 나는 공동 기자회견을 조직하고 성명서를 쓰고 현장 방문을 하면서 자연스럽게 지역 시민운동의 활동가로 자리를 잡게 되었다.

포항경실련 조직을 새롭게 만들고 회원을 확충해서 지역사회 시민운동의 지평을 새롭게 열어가고자 했다. 지역 현안에 바쁘게 뛰어다니고 환경교실, 시민교육 등을 하는 동안 경실련에 대한 언론과 시민들의 관심도 매우 높아졌다. 한약 분쟁을 서경석 사무총장이 주도적으로 중재하면서 경실련의 공신력은 높아갔고 덩달아 지역 경실련 활동에도 큰 기대를 거는 사람들이 많이 나타났다. 회원 수도 차츰 증가하면서 포항경실련은 지역에서 빼놓을 수 없는 시민단체가 되었다. 대학을 졸업하고 취업하기 직전의 친구들이 많이 모여들어 포항경실련 사무실은 마치 친구들의 사랑방처럼 되었다.

당시에는 정치적인 문제는 아니었지만 지역민들의 생활 속에서 파생하는 욕구가 급속하게 분출하고 있었다. 각종 환경문제뿐만 아니라 고교 평준화, 버스 요금, 여성문제, 포스코와의 갈등, 지역개발 사업에 대한 찬반 갈등 등 크고 작은 문제에 대한 주민들의 참여의식이 과거와는 달랐다. 주민들의 참여를 제도화하지 않고는 해결할 수 없는 문제나 상황이 많이 발생하기 시작했다.

지방의회가 있었지만 초대 지방의회는 어느 곳 할 것 없이 지역유지들의 집합소 같은 분위기였다. 지역의 많은 갈등을 수렴하고 해결할 만한 역량이 부족했다. 의회를 바꿔야 한다는 여론이 비등했다. 이런 여론을 반영한 기고문을 지방 언론에 보내기도 했다.

1994년 말, 송도동 시의원 선거에 출마하기로 결심하고 6개월도 채 남지 않은 시기에 준비를 시작했다. 돈 한 푼 없는 상태에서 출마 결심을 하고 나니 호미 하나 들고 태산 앞에 선 기분이었다. 송도동을 선거구로 선택했던 것은 송도동이 인구가 많아 두 명을 뽑는 선거구였고, 공단 노동자들이 많이 살았기 때문이었다. 개인적인 연고는 거의 없는 곳이었다. 공교롭게도 후보자가 여섯 명이나 되었다. 신문에서는 여섯 후보가 모두 운동권이라는 재미있는 기사를 쓰기도 했다. 새마을운동 지도자 출신, 노동운동 출신, 학생운동 출신, 시민운동 출신 등이 출마한 이색 선거구라는 기사가 나왔다. 나는 선거구에서 거의 무명이었기 때문에 단 한 줄이라도 신문에 노출되는 것이 고마웠다.

선거 캠프를 구성하는 것도 쉽지 않았다. 내 나이가 불과 20대 중반이었으니 선거를 돕는 사람들도 대부분 그 정도였다. 돈이 없으니 경험 있는 전문가를 영입할 형편도 되지 않았다. 누나와 자형에게 돈을 좀 얻어서 사무실을 구하고 선거 준비에 들어갔다.

어느 날 군대를 갓 제대한 이상익이라는 후배가 사무실로 찾아왔다. "형이 부를 것 같아 제 발로 찾아왔습니다"라고 말한 그 후배를 선거 사무장으로 임명하고, 선관위에 신고했다. 나의 4년 후배였으니 선거 사무장으로서는 선거 역사상 최연소였을 것이다. 그 후배는 선거 후 복학해 고시를 했고 현재는 산림청에서 근무하고 있다.

선거가 6월 27일에 있었기 때문에 학기말 시험 기간과 겹쳤는데, 기말고사가 끝나고 방학이 되면서 후배들이 엄청나게 몰려들었다. 아무리 동네가 크다고 해도 선거 막바지에는 저녁이 되면 100명 이상 되는 청년이 몰려다니며 연호를 하고 지지를 호소하니 우리가 선거를 과열시키는 격이 되었다. 선관위에서는 무리를 지어 다니며 연호를 하는 것은 위법이니 자제하라는 권고를 몇 차례나 할 정도였다. 해산한 후배들은 동네 구석구석을 누비며 나의 지지를 호소했다.

마침 행정고시 1차 시험이 끝난 시점이 선거 막바지와 겹쳤다. 황명석, 안승대, 박상길 같은 친구, 후배들도 마침 송도동 출신이라 시험이 끝나자마자 달려와 선거를 도와주었다. 황명석, 안승대는 선거 직후에 행정고시에 합격했고, 둘 다 행정안전부에서 일하고 있다. 선거 막판의 우리 캠프는 규모도 컸고 열기로 가득 찼다.

농협 직원이었던 친구 강영근은 휴가를 내고 선거 기간 내내 선거를 총괄하다시피했고, 친구 박득규는 운전과 수행을 맡았다. 그때 도왔던 친구, 후배들은 대부분 지금까지도 인연을 이어오고 있다. 승리의 경험이 자신감을 만들어 주었기 때문인지 그때 함께 일했던 친구, 후배들은 하나같이 자기 분야에서 앞서는 위치에서 활약하며 잘살고 있다.

지금은 지방선거에서도 다채로운 선거운동을 하지만 그때만 해도 단조로웠다. 젊고 자발적인 우리 운동원들은 매일 매일 새로운 아이디어를 내서 사람들의 눈길을 끌었다. 모자나 장갑 같은 소품에서부터 현수막 위치까지 반짝이는 아이디어들이 넘쳤다. 합동연설회에서는 어른들이 앉을 만한 신문지와 합판 조각을 미리 준비해서 깔고 앉을 수 있도록 했는데, 그 위에다 기호와 이름을 써두었고, 연설회가 끝나자마자 운동원들이 운동장의 종잇조각을 깔끔하게 청소했다. 다음 날 그런 사실이 신문에 나기도 했다.

그 선거에서 처음으로 명함을 길거리에서 나눠줄 수 있도록 했다. 지금은 금지된 방법이지만 집집마다 대문에 꽂아 둘 수도 있었다. 대문에 꽂아둔 명함을 아이들이 뽑아서 딱지처럼 가지고 놀았는데 아이들에게 물어보니 내 명함 한 장은 다른 후보 명함 다섯 장과 바꾼다고 했다. 동심이 나를 지지하고 있었다.

선거구였던 송도동은 인구가 약 3만 명 되는 단독주택 위주의 동네고 소형 아파트가 많은 서민 주거지역이었다. 선거운동 기간 내내 매일 동네 전체를 골목골목 서너 바퀴씩 돌았다. 새벽에 한 바퀴, 아침 먹고 한 바퀴, 점심 먹고도 한 바퀴 돌았다. 같은 길을 걸어도 시간대마다 만나는 사람이 달랐다. 그렇게 하루도 빠짐없이 돌았더니 상가나 길거리를 다니는 사람들은 대부분 만날 수 있었다. 어떤 통장님 한 분은 나에게 하이파이브를 하면서 "스물세 번째"라고 소리치면서 워낙 부지런하게 돌아다니는 모습을 보고 지지하기로 마음먹었다고 말했다.

부재자 투표자에게는 인쇄되지 않은 자필 편지를 보내는 것이 허용되었다. 선거 한두 달 전부터 친한 선배를 만나면 형수에게 편지를 100부씩만 베껴 써달라고 부탁하며 원본 편지와 함께 전해 주었다. 주로 군 부재자에게 보내는 편지였다. 위문편지 형식으로 여학생이 지지를 호소하는 내용이었다. 기숙사에 있는 후배들 중 필체가 좋은 후배들에게도 부탁했다. 선거운동이 시작되자마자 군부재자 수보다 더 많은 자필 편지가 사무실에 모였다. 군 부재자에게 보내고 남는 자필 편지는 선거 관계자인 공무원들에게 보냈다. 자필 편지는 보내기 직전까지 다른 후보에게 철저하게 보안을 유지했다. 우리 편지만 도착해야 부재자 투표자의 마음을 움직일 수 있을 것이라고 생각했기 때문이다.

자필 편지 전략에 큰 기대를 걸었는데 역시 기대가 적중했다. 개표를 해보니 동네 투표소에서는 내가 현역 시의원에게 제법 뒤졌지만 부재자 투표에서 큰 차이로 이겨서 전체 표에서도 이긴 것이다. 부재자에게 보낸 자필 편지가 승리의 결정적인 원인이 되었다. 내가 편지를 보낸 후에 다른 후보들도 자필 편지를 보내긴 했지만 이미 늦었고, 그 많은 부재자에게 자필 편지를 다 보내기도 힘이 들었을 것이다.

당시에 합동연설회가 있었다. 요즘은 돈이 많이 든다는 이유로 합동연설회가 사라졌지만 그때는 선거의 꽃이었다. 요즘으로 치면 방송 토론회 역할을 했다. 연설회에서 잘하면 소문이 금방 퍼져 선거에 미치는 영향력이 대단했다. 지지자를 동원해서 연설 도중 연호를 하고 박수를 치도록 하기도 했고 상대 후보에게 야유를 보내기도 했다. 나는 연설에는 자신이 없었다. 교회 전도사를 하고 있었던 이수환이라는 친구가 웅변을 잘했는데 그 친구와 합동연설회 며칠 전부터 원고를 들고 노래방에 가서 연설 연습을 했다.

사람들은 젊은 내가 훌륭한 연설을 할 것이라고 많은 기대를 하고 있었다. 여섯 명의 후보가 20분씩 연설하면 너무 길므로 10분씩으로 줄이면 어떠냐는 선관위의 제안이 있었지만 내가 앞장서 반대해서 규정대로 20분씩 하기로 했다. 공교롭게도 추첨 결과 20분씩 하자고 주장했던 내가 맨 마지막에 연설을 하게 되었다.

보통 같으면 마지막 연설을 하기 전에 동원된 청중들은 대부분 돌아가 버리는데 그날은 내 연설이 끝날 때까지 별로 자리를 뜨는 사람이 없었다. 낯설고 젊은 후보자에 대해 그만큼 궁금해하는 사람들이 많았던 것이다. 연단에 올라선 나는 너무 떨려서 기대만큼 하지 못했다. 기대에 많이 못 미치는 연설이었다. 분위기를 잡을 수 있는 중요한 기회를 잃어버린 셈이었다.

하는 수없이 길거리 연설에 집중하기로 하고 작은 앰프를 프라이드 승용차에 싣고 동네 구석구석 연설을 하며 다녔다. 작은 아파트 앞에서 연설을 하면 창문을 열고 들어주고 박수를 보내주는 사람들이 많았다. 길거리 연설회를 하면서 자신감이 붙었다. 동원하지 않아도 연설회에 관심을 보여주는 사람들이 많았다. 끝나면 박수소리가 많았다. 청년의 말 한마디 한마디에 많은 관심을 기울여주었다. 특히 동네 꼬마들이 연설회장마다 따라다니며 연호를 해주었다. 동심이 나를 확실히 지지하고 있었다. 동심과 학부모들의 마음을 잡기 위해 가장 중요한 공약으로 공부방을 운영하겠다는 공약을 내세웠다. 송도동 학생들의 학력이 가장 떨어진다는 것이 일반적인 평가였기 때문에 공부방 공약에 많은 관심을 가져주었다. 선거 후 동사무소 2층에서 공부방을 운영했는데, 요즘 지역 아동센터의 원형이었던 셈이다.

그렇게 처음 도전했던 시의원 선거에서 즐겁고 신나는 선거운동을 하면서 당시 현역 시의원을 불과 62표 차이로 따돌리고 당선의 기쁨을 누렸다. 짜릿한 승리였다. 26세의 최연소 기초의원이었다. 지역 언론은 온통 처음 선출한 야당 시장과 최연소 당선자인 나에게 관심을 집중했다. 평생 나를 따라다니게 될 최연소 시의원 라벨은 그렇게 만들어졌다. 실패와 실수로 점철되는 나의 정치 인생은 그렇게 시작되었다.

구청 폐지와 대보매립장 논란

— 포항시의원 시절 ①

1995년 1월 1일 포항시와 영일군이 통합돼 '통합 포항시'가 출범했다. 경상북도의 10개 시·군도 함께 통합했다. 인접하는 시·군이 통합해 도시 면적이 넓어지면 행정기관의 인력 활용 효율성이 높아지고 토지 이용, 도시계획 등이 용이해져 도시 발전에 유리한 환경을 조성할 수 있게 된다. 포항시와 영일군 통합도 당연히 이런 목적을 달성했어야 함에도 포항은 매우 특이한 상황이었다. 경상북도 10개 시·군 통합으로 200여 명의 잉여 공무원이 발생했는데, 이들을 수용하기 위해 포항에 2개의 비자치 구청을 신설했다. 시·군이 통합되었지만 2개의 구청이 신설됨으로써 포항시는 공무원 숫자가 오히려 200여 명이나 증가하고 기구가 증설되는 현상이 벌어졌다.

   기관을 통합함으로써 인력을 줄인 것이 아니라 오히려 인력과 조직이 증가하게 된 것이다. 이는 기관 통합의 의도와 전혀 다른 결과였다. 단순히 인력이 늘어난 것만이 문제가 아니었다. 증가된 공무원들은 계장급 이상이 많았기 때문에 피라미드형을 이뤄야 할 행정조직의 상층이 갑자기 비대해지는 비정상적인 조직이 되었다. 새로 만들어진 구청 각 부서의 운영비와 인건비 등 고정경비 지출도 큰 폭으로 늘게 되었다. 게다가 신설해야 할 각 사업소의 인력 충원을 위해 추가로 인력을 채용해야 하는 황당한 상황이 벌어지고 있었다. 시민들은 읍면동과 구청·본청 사이의 업무분장을 제대로 이해하지 못하고 있어서 혼란을 겪었다. 같은 일을 예산 규모에 따라서 구청과 본청이 업무를 구분하고 있었기 때문에 시민들은 혼란스러울 수밖에 없었다. 통합의 이익이 전혀 없는 상황이 벌어지고 있었다.

  2대 포항시의회 의원들 중 상당수는 경상북도 시·군 통합의 부담을 모두 포항시가 떠안게 된 것을 불합리하게 생각하고 있었고, 구청의 존재를 불필요하다고 생각하고 있었다. 나 또한 그렇게 생각했다. 구청 신설로 인해 인력의 증가, 향후 부담해야 할 예산의 증가를 감안할 때 너무나 부당한 일이었다. 하루빨리 시정해야 할 과제로 보였다. 신설된 지 얼마 되지 않는 구청을 하루빨리 폐지하고 잉여 인력은 단계적으로 줄여나가는 것이 합리적이고 효율적인 행정조직 운영 방법이라 생각했다. 당시 시의회 부의장으로 사단법인 포항지방의정연구소를 함께 만들어 활동하고 있었던 박태식 부의장과 의기투합해 이를 추진키로 했다. 박기환 시장의 뜻도 확고했다. 의정연구소에 반수 정도의 의원들이 참여하고 있었기 때문에 이들과 뜻을 함께하기로 하고 의견 조율을 해나가다가 1995년 말에 공개적으로 구청 폐지안을 제기했다.

예상보다 훨씬 심각한 논란과 충돌이 벌어졌다. 포항의 모든 언론이 이 문제를 크게 지속적으로 다루었는데 논조는 지극히 부정적이었다. 공무원들의 보이지 않는 저항은 강력했다. 지역 주류층의 태도는 매우 냉담했다. 구청 폐지에 반대하는 의원들은 의회 외부에 구청 폐지를 반대하는 단체를 크게 구성해 반대 운동을 시작했다. 신설한 지 얼마 되지도 않는 구청을 왜 폐지하며 포항시의 규모가 더 커질 것이기 때문에 굳이 폐지할 이유가 없다는 것이 핵심적인 주장이었다. 하지만 그 이면에는 구청 폐지로 자리가 위태로워질 공무원들의 묵시적인 지원이 큰 힘이 되고 있었다. 반대 여론이 강했던 것은 공무원들의 보이지 않는 저항이 근원이었지만 영남 유일의 야당 소속이었던 박기환 시장에 대한 여당 정치인들의 조직적 반대가 이를 증폭시켰다고 보았다.

행정조직의 효율성을 높이는가를 두고 논쟁하는 것이 아니고 박기환을 중심으로 한 포항의 야당 세력과 나머지 세력이 충돌한 사건이었다. 구청 폐지에 동의하는 공무원들도 적지는 않았지만 그들의 목소리는 약했다. 나는 구청 폐지 논쟁의 선봉에 섰다. 구청 폐지를 반대하는 의원들과 의회 간담회에서, 상임위에서, 본회의장에서, 언론에서, 토론회에서 장소를 가리지 않고 치열하게 싸웠다. 지방의회가 부활한 이래 포항시의회가 그때처럼 치열하게 논쟁하고 싸웠던 때가 지금까지도 없었을 것이다.

논란이 어떻게 정리되었든 모든 의원이 보람을 느낄 수 있었던 시기이기도 했다. 행정조직이 어떠해야 하는지, 낭비적인 요소는 없는지, 향후 어떤 낭비적인 요소가 있는지를 두고 서로 치열하게 논쟁했다. 3개월 정도의 논쟁과 논란 끝에 의회 본회의에서 표결을 했다. 아슬아슬하게 구청 폐지안이 가결되었다. 치열한 논쟁 끝의 승리였다. 구청 폐지안이 의회를 통과하기는 했지만 공무원 내부의 반발은 수그러들지 않았고 언론의 반대도 집요했다. 아무리 생각해 봐도 언론의 반대는 시장이 민주당 소속이었고 구청 폐지를 추진했던 나를 비롯한 의원들이 대부분 지역사회의 비주류였기 때문이었던 것 같았다. 그렇지 않고서야 그렇게 집요하게 반대할 이유가 없었다. 명분을 쥐고 의회에서 다수를 확보했지만 지역사회의 정치지형은 우리에게 절대적으로 불리했다. 지역의 보수적인 단체들도 공무원들과의 은근한 관계 속에서 강력한 반대론으로 기울었다. 참으로 답답했다. 결국 구청 폐지는 추진 동력을 잃어버리고 의회의 의결은 아무런 의미도 없게 되었다. 너무 큰 이슈였기 때문에 찬반에 속했던 의원들이 공부도 많이 하고 논리개발도 열심히 했다.

의회가 찬반 양론으로 확연히 갈라져 마치 여당과 야당처럼

2대 의회가 끝날 때까지 경쟁이 이어졌다. 이런 경쟁은 소모적이지는 않았다. 그렇지만 구청 폐지를 끝내 추진하지 못한 것은 큰 아쉬움을 남겼다. 그 사건으로 인해 공무원들의 박 시장에 대한 반감은 커졌다. 박기환 시장이 연임에 성공하지 못한 원인 중에 하나가 되었다. 지역사회 여론형성에서 공무원들이 얼마나 힘이 있는지, 그들의 동원력이 얼마나 큰지, 시장이라는 직위가 공무원들이 은근한 태업을 벌일 때 얼마나 무기력해질 수 있는지를 깨달을 수 있었다.

또한 공무원들의 기득권을 깨트리는 개혁이 성공하기가 얼마나 어려운지도 실감할 수 있었다. 변화를 추진할 주체가 튼튼하지 않으면 아무리 훌륭한 일도 성사시키기 어렵다는 점을 깨닫게 해 준 사례였다. 주민생활과 밀접한 기구도 아니고 그렇다고 기획 기능을 가진 것도 아닌 비자치기구가 왜 그렇게 큰 규모로 필요한지 지금도 의문이다. 구청 정도의 중간 단계는 없애고 아래로 대민접촉 기능과 기획 기능을 강화하는 것이 바람직하다는 게 지금까지의 변함없는 믿음이다. 거의 6개월 동안 지속된 구청 폐지 논란이 아무런 성과 없이 마무리되고 말았지만 2대 포항시의회의 수준을 한 단계 높이는 계기가 되었다고 생각한다. 하지만 이 논란은 박기환 시장에게는 큰 부담이 되고 말았다.

구청 폐지 논란보다 더 큰 논란이 2대 의회 임기 중반에 발생했다. 대보면 산업폐기물 허가 논란이었다. 이 문제는 나중에 박기환 시장이 재선에 실패한 직접적인 원인이 되기도 했다. 우신산업이라는 회사가 대보면 깊은 산골짜기에 산업폐기물 매립장을 건설하겠다는 계획서를 시청에 제출했고, 이를 검토한 포항시는 조건부 허가를 했다. 이 조건부 허가가 발단이 되었다. 인구 3000명 정도밖에 안 되는 대보면 전체가 발칵 뒤집어졌다. 당시는 환경과 관련한 집단 민원이 홍수를 이루었고, 환경운동단체의 활동이 매우 활발한 때였다. 또 하나의 집단 민원이라 생각했지만 민란 수준으로 전개되고 말았다.

대보면이 해안 지역이라 정서적으로 산업폐기물 매립장으로는 적지가 아니라는 느낌을 많은 시민들이 가지고 있었다. 대부분의 포항시민단체들도 반대 쪽으로 기울어지고 직접 행동에 나섰다. 주민들의 반대 운동 강도도 점차 거세졌다. 시청 앞에서 반대 집회를 하던 주민들이 시청을 향해 돌을 던져 시청 유리창이 모두 깨지고 시장이 뒷문으로 도망치듯 빠져나가는 상황이 벌어지기도 했다. 박기환 시장은 이 조건부 허가는 법률적 기속행위이기 때문에 법적인 요건이 갖추어지면 허가하지 않을 수 없다고 하면서 단지 집단민원 때문에 법적 하자가 없는 허가를 보류하거나 불허할 수 없다고 맞섰다. 이 사업을 추진했던 우신산업의 대표이사가 박 시장 정무비서의 친구라는 점이 이 사업에 대한 더 많은 오해를 불러일으켰고 박 시장의 판단에도 큰 영향을 미쳤다.

이미 다 지난 일이지만 이 사건은 박기환 시장이 초기 판단에 문제가 있었다. 잘못된 초기 판단을 일관되게 유지하려다 보니 일이 점점 복잡하게 꼬여버렸다. 매립장을 하려던 임야는 허가 신청 시점에서는 하자가 없었지만, 몇 개월만 지나면 매립장이 들어설 수 없는 임야로 그 용도가 바뀌게 되어 있었다. 담당부서는 이를 알고 있으면서도 문제제기를 하지 않고 허가를 해주었다. 이것은 더 큰 오해를 불러일으켰다. 관계 공무원들이 전후 사정을 알고 있었다면 마땅히 허가를 해주지 말았어야 했는데도 신청 시점의 규정만 기계적으로 적용한 것은 누가 봐도 오해를 받을 만했다.

구청 폐지 문제로 논란을 벌일 때는 시민단체들이 우리에게 우호적이었다. 행정 개혁이라는 명분도 가질 수 있었기 때문이었다. 대보 문제는 시민단체들의 반대가 가장 심했다. 환경단체 대표 한 사람은 경찰에 연행되었다가 구속적부심에서 풀려나기도 했다. 이 갈등에서 나는 대보면민들, 시민단체, 시청을 오가며 중재하려고 무척 노력했지만 불가능했다. 이 과정에서도 야당 시장이라는 정치적 고립 상태가 문제해결에 큰 어려움이었다.

대보면 사태의 후유증은 컸다. 그해 졸업식 날 대보의 한 초등학교에서 포항시장상을 받기로 했던 학생이 상을 거부하는 일이 벌어지기도 했을 정도로 대보면민들의 민심이 돌아서고 말았다. 그다음 시의원 선거에서 택시 운전을 하던 이명덕 씨가 매립장 반대 대책위 총무 경력을 앞세워 현역인 재선 의원을 꺾는 이변을 일으키기도 했다. 대보면 인근 지역의 민심도 극도로 나빠졌다.

결국 이 문제는 박 시장 재선 가도에 가장 큰 걸림돌이 되었다.

산업폐기물 매립장 입지 선정을 너무 안일하게 생각했고, 복잡한 결정일 수밖에 없는 일을 형식적인 법리에 매몰돼 민심을 제대로 보지 못한 결과였다. 매립장 사업을 추진했던 사업가와의 개인적인 관계로 인해 냉정하고 객관적인 판단을 하지 못한 것도 큰 원인이었다. 이런 집단 민원에서 시의회는 참으로 무기력했다. 행정과 시민의 충돌이 극에 달했음에도 시의회는 아무런 대책을 세우지 못했다.

세월이 흐른 다음 이 문제의 처리 과정에서 후회되는 점이 있었다. 내가 처음부터 강하게 반대했더라면 이 문제는 더 이상 진행되지 않았을 수도 있었다. 대보면민, 시민단체, 시청 사이에 서서 중재를 하는 사이에 일은 점점 더 커지고 속수무책 상태가 되었다. 허가 과정의 하자를 지적하고 분명하게 반대했더라면 시의회 여론이 반대쪽으로 완전히 기울어서 박 시장도 무시할 수 없는 상황이 되었을 텐데, 박 시장을 배려한다는 마음 때문에 중재 활동을 하느라 결국 사태를 더 키우고 말았던 것이다.

결과론이고 때늦은 후회지만 매사 어정쩡한 태도는 아무런 도움이 되지 않는다는 것을 깨달은 계기였다. 어떤 일이든 정답은 매우 간단한 곳에 있는 것 같다. 복잡하게 생각한다는 것은 내가 빠져나갈 수 있는 여지를 만들려는 꼼수일 경우가 많다. 사업을 추진하던 사람들을 나 또한 모르지 않았기 때문에 그들과 부딪히기 싫어 중재자의 위치로 도망간 것인지도 모른다. 모든 일이 명쾌한 경우는 없다. 원칙과 기준을 세우고 흔들리지 않아야 한다. 대보 사태의 진행과정과 결말을 지켜보면서 많은 생각을 했다. 나의 입지를 먼저 생각하는 순간 나부터 자유롭지 못하게 된다. 모든 문제의 해법은 멀리 있지 않다. 원칙과 상식 속에 해법이 있음을 깊이 깨달을 수 있었다.

구청 폐지는 추진 역량이 되지 않은 상태에서 제기해 해결도 못한 채 유야무야되었고, 대보면 산업폐기물 매립장 사태는 원칙과 상식을 지키지 못해 결국 박기환 시장의 재선에 걸림돌이 되고 말았다. 두 가지 사안은 나의 시의원 활동의 상징과 같다. 하나는 변화와 혁신을 앞서서 주창했는가 하면, 또 하나는 박 시장과의 관계로 인해 어정쩡하고 우유부단한 모습을 보이기도 했던 것 같다. 임기 내내 그런 갈등과 고민의 연속이었지만 많은 것을 배울 수 있었던 기간이었다. 조례를 만들고 질문을 하고 감사를 하고 예산을 심의했던 활동 하나하나가 소중한 경험이었지만, 두 사건이 가장 생생하게 남아 있다.

아쉬운 문화예술 지원 조례 폐기

— 포항시의원 시절 ②

　1997년 초에 포항시 문화예술지원조례를 발의했다. 포항은 철강도시로 외길 성장을 해온 탓인지 문화예술이 발달하지 못한 지역이라는 평가를 받고 있었다. 인근 도시에서도 그렇게 평가하고 포항사람 스스로도 그렇게 평가하고 있었다. 심지어 포항을 '문화의 불모지'라고 평하는 사람도 많았다. 불모지란 풀이 나지 않는 땅을 일컫는데, 지나친 혹평이라 생각했다. 그렇게 혹평하는 사람들이 지적하는 실체도 모호하다고 생각했다. 포항사람들이 문화예술 공연이나 작품을 다른 도시 사람들에 비해 적게 향유한다는 의미인지, 창작과 공연 전시 등의 문화 활동이 다른 도시에 비해 적다는 말인지, 문화예술의 창작이나 공연, 전시 등의 활동을 위한 인프라가 빈약하다는 말인지 분명하지 않았다. 그런 평을 들을 때마다 공감을 하면서도 한편으론 반감이 생기곤 했다.

우연한 기회에 연극 분야의 선배들과 어울리면서 연극공연 기획에 관련된 적이 있었다. 이 경험을 통해 지역 문화예술계의 초라한 현실에 대해 알 수 있었다. 한 편의 연극을 무대에 올리기 위해서는 배우들이 가장 중요하지만, 스태프들의 역할도 그에 못지않게 중요하다. 무대를 꾸미기 위해 소품을 준비하는 일에서부터 방송, 신문, 벽보 등을 통한 홍보 활동을 하는 사람들도 배우 못지않게 중요하다. 이 모든 것보다 더 중요한 일은 티켓을 판매하거나 후원을 모집하는 일이었다. 공연을 준비할 때마다 나는 후원자를 모집하거나 홍보를 맡았다. 공연 팸플릿에는 내 얼굴이 늘 올랐고 섭외 담당이라고 적혔다. 그렇게 팸플릿에 올라간 덕에 지금도 포항연극협회 정회원 자격을 유지하고 있다.

연극을 배고픈 예술이라 하지만 한 편의 연극을 무대에 올리기 위해 거의 구걸과 다름없이 스폰서를 구해야 했다. 간혹 문예진흥기금이라도 얻을 수 있으면 횡재를 한 기분이었다. 무대와 소품도 연출이나 배우들이 직접 만들어야 했다. 스폰서를 구하는 한편, 티켓을 팔아서 공연 비용을 마련해야 하는데 티켓 판매는 너무 힘들었다. 고정된 연극 관람층이 형성돼 있지 않아서 거의 인맥을 통해서 강매하다시피 할 수밖에 없었다. 창작 공연이든 초청 공연이든 포항에서 공연이 흥행에 성공했다는 이야기를 들을 수 없었다. 극단이 몇 개나 있었지만, 한해에 한 편의 창작극을 무대에 올리기도 힘겨워했다. 연극뿐만 아니라 지역 문화예술계의 형편이 대부분 그러했다. 시에서 편성한 풀(pool) 예산에서 조금 지원받거나 시민축제 같은 행사를 할 때 예산 일부를 이용하기도 했다.

후원을 얻고 돈을 구하러 다니는 일은 창작활동을 하는 사람들에게 어울리지 않은 일이었다. 문화예술 창작을 위한 인프라가 전무한 상태였다. 창작활동도 미약했고 문화예술 소비층도 얇았다. 공연이 흥행할 수도 없었다. 공연, 전시, 창작 모두 마찬가지였다. 이런 상황을 알만한 사람들은 포항을 '문화의 불모지'라고 혹평하고 있었다. 사실 그런 혹평을 들을 만도 했다. 문화예술 창작을 위한 인프라, 창작활동의 양과 질, 소비층의 규모 모두 부실하기 짝이 없었다.

문화예술은 생산성 있는 인프라가 될 수 있다고 생각했다. 창작활동을 하는 사람들이 지역에 많이 있다는 것은 지역의 생산성과 창의성을 높이는 인프라 역할을 한다고 생각했다. 사람살이를 풍요롭게 할 수 있는 중요한 방편이 될 수 있다고 생각했다. 문학, 연극, 춤과 음악, 그림 등을 창작하고, 이를 출판하고 전시하고 공연하는 사람들이 많아지면 지역에 창의와 활력이 넘치게 될 것이다. 이런 창의와 활력은 자기발전의 중요한 동력이 될 수 있다.

문화예술 활동이 활발하게 이루어질 수 있는 인프라를 만드는 일에 투자하는 것은 생산성 있고 효율적인 일이다. 공연이나 전시를 할 수 있는 공간을 확보하는 것도 필요하지만 자유로운 창작활동을 뒷받침해 줄 수 있는 안정적인 기반을 만드는 일이 더 중요하다고 판단했다.

포항에 규모 있고 안정적인 문화예술 활동 창작지원기금을 만들어야겠다고 생각하고 장기적인 계획을 세웠다. 당시에 1000억 원 정도 되던 지방세 수입의 0.3퍼센트를 10년 간 적립하면 원금만 30억 원이 훨씬 넘게 될 것 같았다. 하루아침에 큰 기금을 마련하기가 어려우므로 10년 정도 적립해 30억 원 이상의 돈이 마련되면 이 돈을 종자로 하고 민간의 출연을 더해 문화재단을 만들면 좋겠다고 생각했다. 이런 계획을 염두에 두고 '포항시문화예술지원조례'를 직접 작성했고 시의원 10여 명의 서명을 받아 본회의에 제출했다. 문안을 작성하면서 관계되는 분들과 의논했는데 대부분 대찬성이었다. 당장 기금을 활용할 수는 없어도 장래에 매우 안정적인 기반을 만들자는 취지에 반대할 이유가 없었다. 당시 지방세 수입이 1000억 원 정도였고, 점차 증가할 것을 예상하면 10년 후에는 40억 원가량 될 수 있었다. 조례 규정에 의거해 꾸준히 적립했다면 지금쯤은 포항문화재단을 설립할 수 있었을지도 모른다.

1998년 지방선거에서 낙선하고 시정에 참여할 수 있는 여지가 없어졌다. 내가 직접 발의한 조례가 제대로 시행되는지, 기금 적립이 되는지 연말마다 살펴봤지만, 관심과 의욕을 가진 시의원도 없었고 시장은 당장의 성과가 보이지 않는 기금 적립에 적극적일 리 없었다. 몇 년간 0.3퍼센트에 훨씬 못 미치는 돈이 조금씩 적립

되다가 결국 여러 가지 기금을 통폐합했다. 각각의 목적을 가진 기금을 통폐합했으니 사실상 기금의 목적사업들은 전혀 실현될 수 없었다. 자식처럼 관심을 가졌던 '문화예술지원조례'는 그렇게 사라지고 말았다.

다시는 포항에 규모 있는 문화예술 지원기금을 만들 계획을 세우고 실천하기 어려울 것이다. 이런 일이 있을 때마다 지역 기업에 준조세 성격의 기부를 하도록 압력을 넣는 방식을 사용하는데 이것은 옳지 않다. 장기간에 걸쳐 꾸준히 적립해 만드는 기금과 재단이 목적사업을 훨씬 효과적으로 달성할 수 있다. 그렇게 되면 더 많은 사람의 관심과 사랑을 받으며 활동할 수 있게 된다.

선출직 공직자가 자기 임기를 훨씬 넘어서는 장기 계획을 세우고 조금씩 달성해 가는 방식의 사업을 요구하는 건 다소 비현실적일지 모른다. 당장의 성과가 눈앞에 나타나는 사업 위주로 예산집행을 할 수밖에 없다는 것을 이해는 한다. 하지만 당장 눈에 보이지 않지만 지역의 미래와 지역의 발전을 위해 꼭 필요한 인프라가 있다. 지역사회 구성원들의 창의와 활력을 불어넣는 일은 그 무엇보다 중요한 일이고, 이를 위한 인프라는 당장 눈에 보이지 않지만 꼭 필요하다. 기금을 통폐합한 것은 이 부분의 중요성에 대한 인식이 없기 때문이다. 시립교향악단 지휘자 교체 과정에서 말썽이 일어나 오랫동안 논란이 끊이지 않았던 것도 같은 맥락에서 일어난 일인지 모른다.

많은 기금을 통폐합한 포항시는 지금 300억 원 규모의 장학기금을 조성하고 있다. 장학기금은 운영자인 시장의 선거용으로 전락할 가능성이 높다. 실질적인 지원이 되지 않을 수 있다. 그 생산성과 효율성이 문화예술 지원에 미치지 못할 것이다. 장기적이지도 않다. 도시의 분위기를 바꾸고 창의와 활력을 불어넣을 수 있는 매우 생산성 있는 방법을 버리고 말았다. 너무 아쉽다.

 1997년에 발의해 제정되었던 '문화예술지원기금 설치 조례'는 내 손으로 한 조례 제정, 개정 중에서 가장 기억에 남는다. 문화예술 활동이 활발한 도시는 생산성과 창의성이 넘치는 도시가 될 수 있다.

무소속으로 출마하라고?

상대동에서 이발소를 운영하는 지지자 한 분의 전화가 왔다.
"손님들이 모두 허 위원장은 똑똑하고 깜도 되고 이상득 의원은 꼭 떨어뜨려야 하는데 민주당이라서 안 된다고 합니다. 모두들 무소속 출마하면 꼭 찍어주겠다고 하는데 한번 생각해 보이소."

민주당이 우리 지역에서는 참 인기가 없다. 인기가 없는 정도가 아니라 미워하는 사람이 많다. 특별한 이유가 있어서라기보다 애당초 자신의 정당 선택지에 민주당이 없는 사람이 많다. 사실상의 양당제이지만 한나라당이 아무리 잘못하고 꼴 보기 싫어도 민주당을 대안으로 절대 선택하지 않는 사람들이다. 심리적으로는 양당제가 아니라 단일 정당체제라 할 만하다. 한나라당 당원이나 지지자들이야 어쩔 수 없다고 하더라도 한나라당을 지지하지 않는 사람들 중에서도 밑도 끝도 없이 민주당을 적대시하는 경우가 의외로 많다. 선거 때마다 민주당 당원은 아니더라도 나를 지지하는 사람들 중에 상당한 수가 제발 민주당만 하지 말라고 한사코 말리는 사람이 적지 않다.

그분들 눈에는 내가 당선되지 못하는 이유가 민주당 공천으로 나오기 때문이라고 생각한다. 한나라당 후보가 아무리 평판이 좋지 않고 비난 여론이 높아도 내가 민주당 소속인 한 절대 이길 수 없다고 생각한다. 한나라당이나 한나라당 후보를 싫어하는 사람들이 왜 민주당과 민주당 후보를 선택하지 않느냐고 물으면 그 답이 애매하기 짝이 없다. 대답하는 자신은 그렇지 않은데 다른 사람들이 이유 없이 민주당을 무조건 싫어한다고 하거나 민주당은 '호남당'이라서 사람들이 싫어한다고 답하는 경우가 많다.

아마 호남지역에서 한나라당을 보는 시각도 비슷하지 않을까 싶다. 영남에서 민주당을 보는 시각과 호남에서 한나라당을 보는 시각을 평면 비교하는 것이 옳지 않다고 생각하지만 그 외형은 조금도 다르지 않다. 민주당이 아무리 잘못하고 미워도 한나라당을 지지하지 않는 외양은 두 지역이 모두 같다.

이런 현상의 뿌리는 두 정당을 지역정당으로 보는 시각이 견고하기 때문이다. 한나라당을 경상도당, 민주당을 전라도당으로 보는 것이다. 호남지역의 보수적인 상류층도 민주당을 지지하고 영남지역의 서민층도 한나라당을 자신의 정당으로 생각하고 지지하는 것은 두 정당이 자기가 속한 지역을 대변하는 정당이라는 생각을 가지고 있기 때문이다. 정당을 보는 이런 지역주의 시각이 우리 정치에 얼마나 큰 폐단을 가져오는지 가늠할 수조차 없다. 정당정치를 두 지역정당 또는 세 정당 사이의 경쟁으로 보는 국민이 많으니 당연하게 국회의원들도 그런 시각을 염두에 두고 의정활동을 할 수밖에 없다. 쟁점이 생길 때마다 타협이나 절충 없이 극단의 충돌로 가게 되는 것은 유권자들의 지역주의 성향에 호응하려는 국회의원들의 태도 때문이다. 어떤 쟁점이든 갈등과 격돌을 더욱 심각하게 만드는 것이 서로의 지지기반을 결집하기에 유리하기 때문이다.

특히 야당일 경우 여당의 정책을 무조건 반대하고 보자는 식으로 갈등을 증폭시키는 것은 지역주의 성향의 유권자를 의식하기 때문이다. 타협과 절충보다는 대립과 갈등이 더 유리하기 때문이다. 우리 정치권에서 타협과 절충이 작용하는 영역은 아마 자기 지지기반과 관련되는 예산 확보와 국회의원 자신들의 처우와 관련되는 경우뿐일 것이다.

유권자들의 지역주의적 시각과 정당의 그런 반응이 상호작용을 해 한국 정치의 지역주의는 더욱 심해지고 있다. 국회의원들은 이런 상황이 편리하기 때문에 은연중에 조장하기도 한다. 의정활동에 대한 냉정한 평가보다 상대 정당을 비난하고 대립하기만 하면 모든 걸 묻어두고 무조건 지지해주니 이보다 더 편리한 선거방식이 어디 있을까. 편한 방법이 보이는데 그것을 하지 말라고 해도 소용이 없다. 정치인과 유권자가 서로 지역주의적 상승작용을 하며 유지되는 구조가 한국의 정당정치이다. 이런 지역주의 고리를 끊어야 한다.

노무현 대통령은 지역주의 구도를 극복하지 않고는 어떤 개혁도 진보도 이루기 어렵다고 생각했다. 지역주의 구도를 극복하지 않으면 정상적인 정당정치가 불가능하다. 일관성 있는 정당의 정책노선이 유지되기 어렵다. 지역주의 우산 속에 숨어 있는 정당들은 대부분 해당 지역 기득권층의 이익을 대변하면서 서민을 동원하는 사이비 지역정당일 가능성이 매우 높기 때문이다. 지역 유권자들의 지지를 유지하기 위해서 끊임없이 지역정당 사이에 대립을 만들어야 한다. 지역정당이 일관성 있는 정책정당이 되기 힘든 이유다.

우리 정치에 대한 국민들의 불신과 불만은 대부분 지역주의 정치의 악순환이다. 이를 극복하는 것은 모든 개혁의 전제조건이 된다. 최근에 우리 지역 민심이 변화하고 있는데, 한나라당에 대한 실망감이 커지고 무소속에 대한 선호가 갑자기 많아지고 있다고 평가한다. 그렇지만 민주당에 대한 지지가 크게 증가하고 있는 것 같지는 않다는 것이 일반적인 평가다. 그렇기 때문에 2012년 총선이 다가오면 민주당을 하지 말고 무소속을 하는 것이 어떠냐고 많은 사람들이 권유할 것이다. 일단 국회의원이 되어 야당을 택하면 되지 않느냐고 말한다. 그런 권유를 하는 사람을 보면 한편으론 고맙다. 매번 낙선하는 나를 보고 얼마나 안타까웠으면 일단 당선되고 보라고 권할까. 그렇지만 그들은 나의 마음을 몰라도 너무 모르고 있다. 또 정치나 선거의 현실을 제대로 모른다.

지난 10여 년 동안 몇 번의 실패와 실수를 통해서 지역주의 극복이 우리 정치에 얼마나 큰 과제인가를 절감했다. 나는 앞으로의 정치활동에서 지역주의 극복에 모든 걸 쏟아붓겠다는 각오를 하고 있다. 지역주의 극복을 위한 활동은 그 방법과 방향이 모두 중요하다. 한나라당 지지가 민주당 지지로 옮겨가지 않고 무소속에 머문다는 것은 지역주의 현상이 여전함을 의미한다. 민주당 위치에서 무소속 유권자를 끌어오는 것이 지역주의 극복의 출발이 될 수밖에 없다. 실패할 수도 있지만 꾸준히 해나가야 성과가 있다.

지역에서 민주당에 대한 지지를 높이기 위해서 호남 향우회를 결집해 호남 표를 모으는 방식은 지역주의 극복과 아무런 인연이 없다. 물론 우리 지역 호남 향우들은 대부분 고향을 떠나온 서민들이기 때문에 지역을 떠나 서민의 정당을 지지한다고 볼 수도 있을지 모른다. 중요한 것은 민주당이 지역에서 지지를 확보하기 위해서는 서민정당으로서의 정체성을 더욱 분명히 해야 한다는 점이다. 민주당이 호남 정당이 아니라 명실상부한 서민의 정당임을 분명히 할 때 지역주의를 극복할 수 있는 가능성이 생긴다. 보편적 복지의 확대를 위해 앞장서고 사회적 약자를 위한 정책에서는 과감한 모습을 보여야 한다. 그런 과정에서 서서히 우리 지역에서도 지지가 늘어나게 된다. 탄핵정국 같은 일시적이고 갑작스런 지지는 허무하게 사라지게 된다.

지역주의를 극복하기 위한 길은 매우 분명하다. 민주당을 호남당이 아니라 서민의 정당임을 분명하게 만들어야 한다. 그런 노력을 내부에서 치열하게 해야 한다. 호남을 비난하고 배척함으로써 영남에서 인정받으려는 태도는 똑같은 지역주의다. 호남 기득권의 이익을 대변하며 안주하려는 내부 세력과 강력하게 싸워야 한다. 민주당을 호남 기득권 대변자로 만드는 순간 영남에서 민주당을 해야 할 이유가 사라진다. 그나마 과거 역사와 전통으로 볼 때 서민의 이익을 대변하는 정당으로 변모할 수 있다는 가능성이 있기 때문에 영남에서 민주당을 할 수 있는 것이다.

무소속을 하겠다는 것은 지역주의에 투항하는 일이다. 지난 10여 년의 정치활동으로 얻은 교훈이 없었다면 쉽게 무소속을 택할 수 있었을 것이다. 패배와 실수도 나의 자산이다. 지금 와서 무소속을 하겠다는 것은 보잘것없지만 나의 모든 자산을 송두리째 내버리는 짓이다. 설령 또다시 낙선하는 일이 있어도 나의 청춘을 쏟아서 가지게 된 자산을 보존하는 길을 택하겠다.

더구나 지금 무소속을 선택한다고 해도 절대 승리할 수 없다. 처음 선거에 도전하는 유력한 신인 정치인이라면 모를까, 이미 몇 번의 선거를 통해 많은 사람들에게 민주당 정치인으로 각인된 내가 무소속으로 출마하면 분명히 손실도 있을 것이기 때문이다. 이 시점에서 내가 무소속을 선택한다면 게도 구럭도 다 잃는 어리석은 선택이 될 뿐이다. 노무현 대통령처럼 한 점의 오점도 없이 일관되게 지역주의에 맞서 싸우지는 못했지만, 오히려 그렇기에 앞으로 나의 정치활동은 지역주의와 맞서 싸우는 우직한 길이 될 것이라 자신할 수 있다.

　무소속을 선택하라는 분들의 걱정하는 마음, 안타까운 마음이 절절히 전해오기 때문에 가슴이 찡하지만 오히려 일관되게 앞으로 나아가는 길이 훨씬 더 잘되는 길이라는 것을 말씀드린다. 가야 할 길이 아직 멀다.

서경산업과 포스칼슘

 2008년 국회의원 선거에서 낙선한 후 곧바로 경주시 강동면에 있는 서경산업(주)에서 일하기 시작했다. 선거 전에도 공장에 몇 차례 들렀지만 도무지 무엇을 하는지 알 수가 없었다. 당시에 벌써 3년 넘게 새로운 방식의 탄산칼슘 제조를 연구개발하던 사촌동서가 사장을 맡고 있던 회사였다. 낙선 직후 당장 할 일도 없고 해서 잠시 도와준다는 생각에서 시작한 일이 이제는 본업이 되다시피 됐고, 지금은 이 분야의 사업을 제대로 키워보자는 포부와 계획도 가지게 되었다.
 광양만 인근 바다에서 생겼던 백탁수가 무엇이며 그 발생 원인이 무엇인가를 조사하는 과정에서 착안하게 된 우리의 제조 공법은 중학교 2학년 정도 수준의 화학 지식만 있어도 쉽게 이해할 수 있는 내용이지만, 누구도 대규모 생산에 적용해 보지 못한 방식이다. 기존의 탄산칼슘 제조방법은 고순도의 방해석을 분쇄하여 만들거나 소석회유에 이산화탄소를 주입하는 방식으로 만들어 왔다. 우리의 방법은 소석회유 상태에서 용해되지 않은 소석회를 침강시키고 맑은 상등액만 분리하여 이산화탄소와 반응시켜 탄산칼슘을 만들어 낸다. 맑은 상등액만 이용하니 당연히 기존 제품보다 순도가 높고 백색도가 높아 경쟁력이 있었다.

2008년 가을부터 거듭된 실험을 통해 검증한 공정을 실제로 설비를 놓아서 자동으로 대량생산에 적용하기로 하고 설계부터 공사까지 모두 우리 손으로 시작했다. 부피만 해도 25세제곱미터가 넘는 탱크를 네 개나 놓고 기존의 탱크 네 개와 배관으로 연결해야 하는데, 배관을 자르고 용접하고 설치하는 일을 모두 직접 했다. 비용 때문에 배관을 모두 값싼 PVC로 했는데 가을과 겨울로 넘어가는 몇 개월 동안 배관 작업을 하나도 빠짐없이 해낸 덕에 PVC 배관 전문가가 되었다. PVC 배관 작업이라고 해봐야 설계도면을 보고 치수에 맞게 자르고 강력 본드로 접착하고 이것들을 다시 기존 작업 상태에 덧붙이는 방식이라 매우 단순했다. 처음 1년 동안은 다른 생각은 하지 않고 공장 일에 전념했다. 단순노동이 나에게 꼭 맞는 일이 아닌가 할 정도로 마음 편한 시간이었다. 새벽부터 밤늦은 시간까지 쉴 새 없이 일해 설비를 완성해놓고 시험 가동을 하던 중 공기압 자동조절 장치를 설치하지 않아 너무 높아진 공기압 때문에 PVC 배관이 몽땅 폭발하여 산산조각 난 사고가 일어났다. 시험 가동 때문에 많은 사람들이 여기저기 있었지만 다행히 폭발하여 날아다니는 PVC 조각에 아무도 다치지 않았다. 하늘이 도우지 않았다면 누군가 크게 다쳤을 것이다.

참으로 무모한 시행착오의 과정이었다. 화학, 물리 등 산업공학 지식이 어느 정도는 뒷받침돼야 할 일에 시행착오를 끝없이 거치면서 한 걸음씩 기술과 공정을 만들어 갔다. 전문가의 눈으로 보면 한심한 일이었을지 모르나, 너무나 기초적인 부분까지 시행착오를 거쳐 가니 오히려 기초는 튼튼해진 것 같았다. 우리가 전문가였다면 결코 우리의 방식을 고안해내지 못했을 것이다. 설비를 제작하고 설치하고 시험 운영하는 데 중학교 시절 배웠던 기초적인 화학지식, 부피와 면적을 구하는 수학지식이 큰 도움이 되었다. 25톤 탱크를 제작하는 데 소모되는 철과 재료들의 중량이 얼마인지를 꼼꼼하게 계산하는 것은 자재의 절약을 위해 매우 중요한 일인데, 그런 계산은 모두 나의 몫이었고 물의 낙하에 걸리는 시간이나 침전에 필요한 시간을 확인하고 알아보는 것도 나의 몫이었다. 무거운 물건을 옮기거나 본드 용접에는 힘이 많이 드는데 그런 일도 역시 나의 몫이었다. 역시 나는 단순노동에 매우 강하다는 생각을 하게 되었다. 설비 공사를 하는 와중에 제품 주문이라도 오면 공사를 중단하고 모두 생산과 포장에 매달렸다. 완전한 설비가 아니라 시행착오를 거치면서 만든 설비라 대량생산에 적합하지 않은 때여서 꼬박 밤을 새는 일도 잦았다.

그런 과정에서 2008년 말 국회 예산 심의 과정에서 '형님 예산'

논란이 벌어졌다. 과거부터 해오던 계속사업의 예산을 묶어 마치 새롭게 편성된 예산처럼 비난하면서 '형님 예산'이라고 민주당이 공세를 취한 것이다. 공장에서 저녁 먹으러 가는 차 안에서 정세균 대표에게 전화를 해 사실과 다른 면이 있는 것 같고, 이런 방식의 공세는 지역에서 당 활동하는 나 같은 사람을 죽이는 일이라며 항의를 했다. 정세균 대표는 잠시만 참으라고 위로 아닌 위로를 해주기도 했다.

공정에 사용되는 원료는 생석회와 이산화탄소인데, 강동 공장에서는 상당히 비싼 가격에 구입하니 원료비 비중이 높았다. 마침 MB정부 초기부터 저탄소 녹색성장을 매우 강조했는데, 포스코가 발생하는 이산화탄소의 양이 대한민국 전체 발생량의 10퍼센트가 넘었기 때문에 이산화탄소 저감 대책에 골몰하고 있었다. 우리는 제철소 굴뚝에서 나오는 배가스 중에 이산화탄소의 비중이 매우 높을 것으로 보았다. 이것을 이용하고 제철 과정에서 파생되는 생석회 부산물을 이용해 우리의 공정을 적용, 탄산칼슘을 제조하면 일석이조의 효과가 있을 것으로 보고, 오래전부터 포스코에 제안을 했다.

포스코 환경에너지팀이 이 제안을 주목하면서 가능성을 검토하기 시작했다. 석회소성공장에서 나오는 배가스를 실제로 끌어와서 미리 준비한 소석회유 상등액과 반응해 보니 가능성이 충분하다는 결론이 나왔다. 제철소에서 나오는 생석회 부산물도 충분히 사용할 수 있다는 결론이 나오면서 포스코와의 합작사업이 본격적으로 논의되기 시작했다. 포스코 같은 대기업과 우리처럼 영세한 기업이 합작사업을 한다는 사실이 어울리지 않는 일로 보일 수도 있지만, 급한 것은 포스코였다. 기술 검토가 먼저 이루어졌기 때문에 리스트(RIST)와 포스코 환경에너지팀 직원들이 우리 공장에 뻔질나게 드나들기 시작했다.

불과 몇 개월 전에 국회의원 선거에 출마한 사람이 공장에서 근무하는 걸 굳이 내세우고 싶지 않아서 포스코 관계자의 현장 방문 때마다 모자를 깊이 눌러쓰고 탈수기 앞에 서서 눈길을 마주치지 않았다. 하루는 당시 제철소장이었던 김진일 씨가 공장을 방문했다. 김진일 씨가 제강부장이었을 때 나는 송도동 시의원이었고 제강부는 우리 동네와 자매부서였다. 자주 만나던 분이었고 도움을 받은 적도 있어서 아는 처지였지만, 혹시나 내가 서경산업에서 일한다는 것이 합작사업 추진에 걸림돌이 될까 봐 마주치지도 않았다. 합작회사가 만들어지고 공장이 준공되어 가동 중인 지금까지 한 번도 부딪힌 적이 없다.

기술 검토 결과 포스코에서 나오는 생석회 부산물과 배가스를 이용한 탄산칼슘 제조 사업이 가능하다는 결론이 났다. 포스코와 기본계약을 체결하고 본격적인 합작회사 설립 작업이 시작됐는데, 큰 걸림돌이 나타났다. 돈 문제였다. 남들은 포스코와 합작사업을 하면 투자자를 구하기가 쉬울 거라고 말했지만 실제로는 불가능했다. 처음에 자본금 100억 원의 합작회사를 만들어 지분을 51 대 49로 하기로 했다. 49억 원의 출자금을 마련하기 위해 백 사장과 전국으로 뛰어다녔다. 은행과 증권사는 물론이고 사설 펀드를 많이 만났다. 대부분의 투자자들은 사업성에 대해 공감하면서도 선뜻 투자를 꺼렸다. 이유는 출구 전략이 없다는 것이었다. 투자자금을 투자자가 원할 때 언제든지 정리하고 나갈 수 있어야 하는데, 그렇지 못하다는 것이었다.

우리가 원하는 것은 회사가 정상화되고 수익이 나올 때까지 함께하는 장기투자였는데 그런 투자자는 없었다. 모두 단기투자였고 확실한 출구 전략을 원했다. 투자자금을 마련하지 못하는 우리 측 때문에 합작회사 설립이 지연되었고, 결국 자본금 규모를 대폭 낮추기로 했다. 자본금 30억 원의 (주)포스칼슘을 설립해 우리가 30퍼센트의 지분을 가지기로 했다. 우리는 그동안 쌓인 부채에 9억 원의 부채를 더 질 수밖에 없었다. 우리 측 추천이사를 내가 맡기로 했다. 졸지에 포스코 계열사의 등기임원이 되고 말았다. 2010년 지방선거 때 『이코노미스트』에서는 나를 지방선거에 출마한 기업인으로 소개를 하기도 했다. 졸지에 포스코 계열사의 임원이 되었으므로 오보는 아닌 셈이었다. 자본금 규모가 작아지면서 합작사업 파트너가 포스코에서 포스코켐텍으로 바뀌었다. 합작사업 계약서 작성을 위한 협상도 길고 힘들었다. 우리로서는 모든 걸 걸고 하는 사업이고 영세한 회사가 큰 회사와 합작을 하면 결국 다 빼앗기고 만다는 주변의 걱정 때문에 최대한의 안전장치를 계약서에 담기 위해 억지 주장도 해가면서 협상을 진행했다.

그 후에도 포스칼슘 이사회를 할 때마다 이사의 일원이라기보다 서경산업 부사장 입장에서 발언을 계속해서 다른 이사들로부터 포스칼슘의 이사로서 이사회 참석하는지 서경산업 부사장으로서 참석하는지 모르겠다는 불만을 들었다. 그런 와중에 포항시장 선거에서 낙선한 다음에는 적지 않은 사람이 나의 존재를 불편하게 생각하는 것 같았고, 일부에서는 야당을 하는 내가 어떻게 포스코 계열사의 임원으로 있을 수 있느냐며 시비를 걸기도 하는 모양이었다. 일을 하면서 나의 존재가 걸림돌이 된다면 언제든 포스칼슘의 임원 자리를 그만둘 수 있다고 이사회에서 발언하기도 했다. 다만 무엇이 걸림돌인지를 분명히 해야 한다고 못을 박았다. 월급이나 업무추진비, 회의비를 단 한 푼도 받지 않는 비상근 임원으로서 포스칼슘 의사결정 과정에 나만큼 적임자는 없다고 확신하고 있다. 서경산업의 입장과 포스칼슘의 생산, 영업에 두루 관여할 수 있는 적임자가 없기 때문이다. 앞으로 포스칼슘 상태가 나아져 월급이라도 줄 수 있게 되면 다른 사람을 추천할 수 있겠지만 그전까지는 별 수 없이 내가 맡을 수밖에 없다.

1년 간의 공사 끝에 2011년 3월 100억 원 규모의 (주)포스칼슘 공장이 포항제철소 내에 준공되었다. 백상호 사장의 아이디어와 무모하고도 집요한 사업 추진 덕분에 완성된 공장이라고 할 수 있다. 공장의 공정 설계에 나의 아이디어가 많이 들어가 있다는 것만으로도 나로서는 가슴 뿌듯한 일이다. 하지만 준공을 하고도 불안한 마음이 있었다. 형산발전소 굴뚝에서 나오는 배가스를 2킬로미터나 끌어와서 생석회 용출수와 반응하는데, 비커에서 하던 과정이 거대한 설비에서도 제대로 될 것인지 모두들 불안해졌다. 탄산칼슘이 생산이나 될까 하는 불안감이 생겼다. 너무 부담스럽고 불안했다. 2011년 1월 무지하게 추운 겨울 새벽 탱크와 펌프 속의 물이 얼지 않도록 네 사람이 공장에 들어가 조심스럽게 시험 가동을 해보았다. 과연 생산이 생각대로 되는지 확인해 보고 싶었다. 조마조마한 마음으로 배가스를 끌어오는 블로어를 돌리고 펌프로 상등액을 퍼올리며 반응시켜 보았다. 200톤이나 되는 거대한 반응조에서 순식간에 새하얀 탄산칼슘이 만들어지는 것을 눈으로 확인할 수 있었다. 그 새벽에 모두 만세를 불렀다. 호스로 뽑아내보았다. 육안으로 볼 때 기대했던 것보다 훨씬 더 좋은 제품이 만들어지는 것 같았다. 모두들 속으로 조마조마해하던 문제가 해결되어 오랫동안 짓눌리던 무거운 짐을 벗어 던진 것 같았다.

 공장은 준공되었고 제품 생산은 되고 있지만 갈 길이 멀다. 아직 제품은 시장에 진입하지 못하고 있고 회사의 재무 상태는 매우 힘들다. 고정 지출은 있는데 매출이 아직 없어 부채만 쌓이고 있는 실정이다. 서경산업도 제조는 더 이상 하지 않고 가공과 유통만 하고 있고 부채는 많아 앞날이 불투명하다. 회사는 중대한 기로에 서 있는데 또 선거는 다가오고 있다. 회사를 안정시켜 관련 업계에서 최고로 키우고 다각화를 추진해 사업을 반드시 성공시키고 싶다는 욕심도 강하지만, 지역위원회와 도당의 위원장 위치에서 내년 선거를 외면할 수 없다. 총알받이가 된다 하더라도 나서지 않을 수 없는 상황이다. 공장에 출근해도 직원들 보기 민망한 경우가 한두 번이 아니다.

사업과 정치 모두를 성공시키고 싶다. 맡은 일은 무엇이든 다 잘할 수 있는 유능한 사람임을 보여주고 싶다. 꼭 해내고 싶다.

아들 셋 딸 하나

　주변을 아무리 둘러보아도 나와 아내 또래의 부부 중에서 아이를 넷이나 가진 경우는 거의 찾아볼 수 없다. 모임이나 단체를 함께 하는 수백 명의 사람들 중에서 우리 가족 외에 아이가 넷인 집은 딱 한 집만 알고 있을 뿐이다. 그 집은 우리와 반대로 딸 셋 아들 하나이다. 오랫동안 알고 지내는 사람들도 우리 집에 아이들이 넷이 된다고 하면 깜짝 놀란다. 낯선 사람들도 우리 아이가 넷이라고 하면 한결같이 하는 첫마디가 '애국자'라고 한다. 별생각 없이 아이가 생기면 낳았고 넷이 그리 많다고 생각하지 않았지만 어느새 매우 드문 경우가 되고 말았다. 아마 이것 또한 '대한민국 1퍼센트'에 들어가지 않을까 싶다.
　친구들 모임에서 주요 화제가 아이들 교육이다. 대부분 공부와 사교육비 걱정이다. 이를 걱정하자면 우리 집만큼 걱정이 클 수야 없을 테지만 나는 한 번도 걱정해 본 적이 없다. 아이들이 공부를 잘하는 것도 아니고, 사교육비 걱정을 하지 않을 만큼 여유가 있는 것은 더욱 아니다. 중학교에 입학한 첫째는 딱 중간에 해당하는 성적표를 받아왔고, 다른 아이들도 공부에 별 신경을 쓰지 않는다. 큰아이는 2학기에 더 잘할 수 있다고 자신 있어 하길래 믿고 있을 뿐이다. 초등학교 2학년인 둘째, 유치원 다니는 셋째는 하루 종일 어떻게 하면 재미있게 놀 수 있을지 궁리한다. 학교 마친 둘째가 병설유치원에서 셋째를 데리고 와서 해질 때까지 둘이서 운동장에서 친구처럼 뛰어논다. 자전거 타고 축구하고 흙장난하면서 친구들과 어울려 논다.

집에 와서도 옥상에 가서 물장난을 하거나 줄넘기, 칼싸움, 온갖 장난거리를 찾아서 잘도 뛰어논다. 모래를 뒤집어쓴 채 파김치가 되어서 하루를 마친다. 얼굴과 팔뚝이 새까맣다. 눈만 반짝반짝 빛난다. 집안이 단 하루라도 성할 수가 없다. 첫째가 어려서부터 태권도 배우기를 원하길래 학원이라고는 유일하게 태권도 도장에 보내고 있는데, 벌써 7년이 넘어가는 것 같고 둘째도 형을 따라 도장에 다닌다. 셋째도 초등학교 입학하면 다닐 거라고 태권도장 갈 날을 손꼽아 기다린다. 태권도 도장에 다니는 것이 우리 집 사교육의 전부다.

공부는 학교에서 하는 것과 방과후학교에서 배우는 것이 전부다. 첫째는 방과후학교에서 배우던 가야금을 좋아해서 일주일에 한 번 백화점 문화교실에 다니고 있다. 공부에 대한 집념이 아직

생긴 것 같지는 않다. 공부하라는 말은 거의 하지 않는다. 시험 기간에도 공부를 전념해서 하라고 하지 않는다. 다만, 아버지는 어떻게 했다는 정도의 이야기를 하지만 집중력 있게 공부하는 것 같지는 않다. 마음이야 좀 더 집중적으로 시험공부도 하고 평소에도 더 열심히 공부하기를 바라지만, 누가 시켜서 될 일이 아니라는 것을 잘 알고 있기에 절대 강요하지 않는다. 가끔 책을 사주기도 하지만 정색을 하고 책을 보라고 권하지도 않는다. 어떻게 말해야 스스로 하게 만들 수 있을까 고민하지만 쉽지는 않다. 시간이 가면서 스스로 욕심과 의지가 생길 것이라 믿을 뿐이다.

공부를 강요하는 것은 내면에서 스스로 자라게 될 의지를 꺾게 되는 것이라 여기기에 지켜보고 있는 편이다. 딱 중간 정도인 성적이 스스로 참을 수 없고 맘에 들지 않으면 앞으로 열심히 하게 되고 공부에 흥미도 가지게 되리라 여길 뿐이다. 학업에 대한 의지가 내면에서 생기지 않고 다른 분야에 대한 호기심이나 욕심이 자란다면 그 방향을 존중해주고 지원해줘야 한다고 생각한다. 아직 그 속에서 무엇이 자랄지 모르겠으나 머지않아 무엇인가 꿈틀거릴 것이라고 확신하고 있다.

우리 집 네 아이는 그래서 편안하다. 즐겁고 신난다. 인위적인 조기교육이 우리 집에는 전혀 없다. 한글이나 셈도 어린이집과 유치원에서 하는 것 이상은 가르치지 않는다. 사람의 내면에 존재하는 타고난 재능은 결국 발현될 것이라고 믿는다. 이런 재능을 꽃

피우기 위해 갈고닦는 노력을 하는 것은 강요해서 되지 않는다. 아이들 모두 그렇게 할 필요도 없다. 아이들이 어떤 특성과 재능을 가지고 있는지 유심히 관찰하고 대화하는 것이 억지로 학원에 보내는 것보다 더 중요하다고 믿는다. 주어진 상황과 시간을 즐겁고 행복하게 보내는 삶의 태도를 형제, 친구와 어울리면서 몸으로 익히길 바랄 뿐이다.

 네 아이 중에서 어떤 아이는 공부를 잘할 것 같고 어떤 아이는 운동을 잘할 것 같고 어떤 아이는 평범할 것 같다. 제각기 타고난 재능과 성품이 달라 그에 적합한 교육이 어떤 게 있을까 고민이지 학교에서 배우는 걸 학원에 가서 또 배우도록 하고 싶지는 않다. 어찌 보면 무책임한 방목이라 할지 모르지만 결코 무관심하지 않기 때문에 조금도 걱정하지 않는다. 학업성적이 뛰어나지 않아도 앞으로 살아가는 데 큰 문제가 되지 않는다고 생각한다. 말없이 지켜보는 가운데 타고난 재능이 자연스럽게 드러나고 결국 스스로를 통제할 수 있는 힘이 길러지면 자신의 재능을 최고로 만들 수 있을 것이라고 믿는다. 우리 아이들이 그렇게 될 수 있으면 좋겠지만 되지 않는다 해도 개의치 않는다. 모든 아이가 그럴 수는 없을 것이고 그럴 필요도 없다.

 우리 집 아들 셋 딸 하나 한결같이 형제와 가족의 사랑 속에 즐겁고 구김살 없이 자라도록 할 참이다. 어른들이 강요하지 않아도 스스로 환경을 이해하고 환경을 넘어서려는 도전의지와 창의성,

인내심이 자라고 발휘될 것으로 굳게 믿으면서 오늘도 즐겁고 행복하게 친구처럼 아이들과 생활하려고 한다.

지역을 바꿔야 나라가 바뀐다

　지역사회는 일정한 공간을 중심으로 형성되는 삶의 터전이다. 일상생활의 중요한 활동이 이 안에서 이루어지고 인간 상호작용을 통해 협동, 권위, 정서적 만족, 전통이 축적되고, 이에 따라 일정한 사회적 규범에 따라 성원들의 사회화가 일어나는, 말하자면 지역사회란 경제적·사회적·문화적인 1차적 삶의 터전이라 할 수 있다.

　지역사회에서 사람의 가장 기본적인 생활이 모두 이루어진다. 인간생활에서 가장 기본적인 '가족생활', 생계유지와 관계되는 인간의 노동활동인 '직업생활', 학교 교육, 가정 교육 등의 '학습생활', 인간생활의 유지 향상을 위해 기본적으로 필요한 식생활·의생활. 주생활, 오락 등의 '소비생활', 그리고 '문화·여가·스포츠생활' 등의 기본적인 인간생활이 지역사회에서 이루어진다. 이런 면에서 지역사회는 생활세계라 할 수 있다. 이처럼 인간생활의 가장 기본적인 활동이 지역사회에서 이루어지고 있기 때문에 지역사회에서 일어나는 크고 작은 일은 모두 지역사회의 주민들과 직접적으로 밀접한 관련을 가지면서 벌어지는 경향이 있다.

오늘날 교통수단의 발달과 대중매체를 통한 정보 유통의 가속화로 기본적인 인간생활이 이루어지는 지역사회의 범위가 매우 넓어지는 경향이 있고, 중앙 집중화 때문에 문화의 획일화와 함께 지역사회의 독자적인 특성이 사라지는 경향도 있지만, 인간생활의 기본적인 활동이 이루어지는 공간이라는 측면에서 지역사회가 생활세계라는 점은 변화하지 않는 근본적인 속성이다. 지역사회에서 일어나는 대부분의 일은 주민들에게는 매우 구체적이고 피부에 와 닿는 것이다. 치안, 교육, 도시계획, 복지, 소비, 교통, 상하수도 문제 등은 주민생활과 직접적으로 관련되는 것이기 때문에 문제를 해결하는 과정에서는 주민들의 의사가 가장 중요한 동력으로 작용한다. 또한 주민들의 실생활과 직접 관련되기 때문에 문제해결의 가장 강력한 동력을 지역사회의 주민들 가운데서 찾아야 하는 것이다. 따라서 지역사회 문제를 해결하는 데 지역주민들이 직접 나설 수 있도록 하는 것이 마땅한데, 현재 실시되고 있는 지방자치제도가 바로 그런 제도라 할 수 있다.

지금의 우리 지역사회는 많은 한계와 가능성을 동시에 보여주고 있다. 10년 남짓 지나고 있는 지방자치제도는 지역사회가 안고 있는 한계를 극복하고 가능성을 현실화할 수 있는 기회를 제공해

주고 있으며, 이것을 여하히 할 것인가는 전적으로 지역주민과 이를 조직할 지역의 정치적 역량에 달려 있다.

지역사회의 재발견

중앙집권적인 고대국가가 성립되면서부터 최근까지 지역은 중앙에 종속된 '통치의 대상', '지배의 대상'에 불과했다.『삼국사기』를 비롯한 고대의 역사서도 지역에 대한 관심을 보이고 있고 근대로 오면서 수많은 지리지를 통해 지역사회에 대한 관심이 확대되었지만, 본질적으로 이러한 관심은 모두 지방을 효과적으로 통치하고 관리하기 위한 중앙의 노력으로 나타난 것이었다. 조선 후기로 오면서 각 지역의 관청이나 개인이 지역의 산천, 인물, 토산, 풍속 등의 내용을 담은 읍지(邑誌) 형식의 책을 간행함으로써 지역에 대한 높은 관심을 보여주었지만, 이것 또한 궁극적으로 지역의 통치를 위한 실용적 자료의 수집이거나 향촌의 지배질서를 유지하려는 데 목적이 있었다.

해방 이후 1960년대까지는 지역에 대한 관심과 연구가 침체되었다가 1960년대를 전후해 도사(道史) 혹은 도지(道誌) 등이 발간되기 시작하면서 읍지의 전통을 계승한 지방지의 편찬이 다시 고개를 들기 시작했다. 1970년대 이후에는 지방지 편찬이 시·군 단위까지 확대되어 시사(市史), 시지(市誌), 군사(郡史), 군지(郡誌)의 편찬으로 나타났는데, 이러한 움직임은 지역에 대한 현대적 관심의 시작이라 할 수 있지만, 현대판 읍지라 할 수 있을 정도로 지역에 대한 인식의 전환은 찾아볼 수 없다.

이와 같은 시기에 활발하게 진행되던 민주화 운동에서도 지역사회에 대한 종속적 시각은 바뀌지 않았다. '부마항쟁'이라는 지역 단위에서 일어난 사건이 유신체제라는 국가권력을 붕괴시키는 도화선 역할을 하였다는 평가가 있다. 하지만 '광주 민주화운동'이 호남지역에서 시작된 군사정권에 대한 저항이지만 이후 전국적 정치 상황에 얼마나 큰 영향을 미쳤는가를 보면 민주화 운동 역시 지역사회에 대한 종속적 시각을 벗어나지는 못하였다.

또한 지역사회의 노동운동, 재야운동, 청년운동, 통일운동 역시 지역사회의 대중이 스스로 만들어 나가는 독립적인 단위로 보지 않고 서울 중심의 행사에 참여하는 동원 수단 정도로 인식하는 경향이 강했다. 이렇게 인식의 변화가 없는 가운데서도 생활세계로서 주민들의 독자적인 요구가 표출되고, 이를 해결하는 과정이 진행되는 '자율성을 지닌 공간'인 지역사회의 근본적인 속성은 변화가 없었으며 이를 반영한 제도가 만들어지지 않을 수 없었다.

1992년에 다시 지방의회를 구성함으로써 부활된 지방자치제도는 우리 사회에서 지역사회를 새롭게 인식하고 발견한 계기가 되었다고 평가할 수 있다. 중앙의 통치·관리대상에 불과했던 지역사회가 자신의 문제를 스스로 해결하는 주체로서 인식되기 시작한 것이다. 지역사회의 문제를 지역주민 스스로의 의지로 해결하고 지역의 미래를 지역주민들이 스스로 개척해 나가는 자율적인 지위를 획득하게 된 것이다. 지역주민들이 스스로 구성하고 선출한 지방의회와 단체장을 통해 지역의 모든 문제를 해결할 수 있게 것이다. 이것은 오랜 기간 중앙정부가 전 국가적인 통치력을 가져왔지만 이제는 강력한 중앙정부의 권한만으로는 나라와 지역의 발전을 기대할 수 없는 상태에 우리 사회가 직면하였다는 것을 인정하는 것이라 할 수 있고, 다른 한편으로는 지역과 나라의 발전에 지역의 자율적인 역량과 참여를 동원하지 않을 수 없게 되었음을 의미한다.

정치·경제·문화·금융·교육 등의 모든 분야가 수도권(중앙)에 집중됨으로써 파생되는 문제들 때문에 지역과 중앙이 함께 고통받고 있는 현실을 타개하는데 지역사회의 역량이 발휘되지 않을 수 없는 상황에 대한 인식이 나타난 것이라 할 수 있다. 지역의 자율적인 역량의 결집을 통해 중앙에 대한 종속성을 탈피함으로써 지역과 중앙이 다 함께 새로운 발전을 도모할 수 있다는 인식을 하게 된 것이다. 이처럼 우리 사회에서 지방자치제도가 실시된 것을 계기로 지역이 중앙의 통치대상에서 자율성을 지닌 독자적인 주체로 '재발견'되었다고 평가할 수 있다.

나라의 변화와 발전은 '지역 네트워크'로 가능

지역사회가 중앙의 통치대상으로부터 자율적인 주체로 재인식됨으로써 전에 볼 수 없던 다양한 실험이 시도되고 있고 이를 통해 우리 사회는 많은 변화를 이루어내고 있다. 과거 진보적인 정치세력은 제도권으로 진입하기 위한 시도에서 번번이 실패했지만 지방자치제도가 실시된 이후 자신들의 정책을 주민들 속에서 검증할 수 있는 기회를 확보하게 되었다. 지방의회에 진출하거나 지방자치단체장에 선출됨으로써 지역 단위에서 새로운 정책을 채택해 주민들에게 평가받을 수 있는 기회를 얻게 되어, 신진 정치세력이 제도권에 진출하기 위한 중간 단계 또는 지방자치가 정치적 인큐베이터로서의 역할을 하게 된 것은 장래 우리 정치에 중요한 의미를 지니게 될 것으로 본다. 앞으로 지방선거에서 노동운동이나 시민운동이 직접 참여를 시도하게 됨으로써 더 큰 변화를 가져오게 될 것이다.

과거에는 없었던 정치 충원의 중요한 경로로서 지방자치제도가 활용되고 있는 것이다. 또한 주민들의 입장에서 보더라도 '지방자치는 민주주의의 학교'라는 말에서 잘 나타나 있듯이 자신의 문제를 주민들이 직접 참여해 결정하는 민주적 훈련을 하게 됨으로써 우리 사회의 민주의식이 비약적으로 성장하게 될 것이다.

경제적인 측면에서는 대구의 밀라노 프로젝트처럼 지역의 전통과 특성을 살린 경제·경영 전략을 지역주민 스스로 채택해 추진할 수 있게 되었고, 문화적인 측면에서도 각 지역은 자신의 역사와 전통을 살린 고유한 발전을 도모할 수 있게 되었다. 복지정책에서도 지역마다 특성에 맞는 새로운 정책이 쏟아지고 있으며 이것은 신속하게 다른 지역으로 전파되고 있다. 지역에서 추진하는 고유한 정책들이 대부분 주민들의 관심을 받으면서 성과를 내고 있는 것은 그 정책들이 지역주민의 구체적인 이해와 요구를 반영하고 있기 때문이며 이것은 지방자치제도가 가능하게 한 것이다.

지역 단위에서 성공적인 새로운 제도나 정책들은 다른 지방자치단체로 신속하게 전파됨으로써 전국 단위의 새로운 정책이나 흐름이 만들어지게 되는 것이다. 과거 중앙정부가 목표와 방침을 정하면 군사작전 하듯이 전국의 지방자치단체가 일사불란하게 움직이던 것과는 전혀 다른 새로운 작동 원리가 움직이고 있는 것이다. 과거의 방식이 '위로부터의 변화'라고 한다면 지금의 방식은 '아래로부터의 변화'라고 할 수 있다.

새로운 법률의 제정 과정에서도 과거와 다른 양상이 나타나고 있다. 어느 한 지역에서 필요한 조례의 제정이 다른 지역으로 전파되고 법률이 사후에 이를 정리하는 입법 사례가 나타나고 있는 것이다. 과거에는 중앙정부의 필요를 전국에 확산하기 위해서 입법하는 경우가 대부분이었지만, 아래로부터의 필요에 의해 지역 단위에서 조례를 먼저 만들고 사후에 입법하는 경우는 지방자치제도 실시 이후에 나타나는 현상이다.

지역주민들의 일상생활과 관련되는 문제는 어떠한 경우라도 중앙정부가 일방적으로 결정할 수 없게 되었다. 그럴 경우 반드시 부작용과 비효율이 나타나게 된다. 반대로 중앙정부는 일반적인 방침만 정하고 세부적인 집행은 지방자치단체에 맡겨버리든지 역으로 각 지방자치단체의 자율적인 정책을 지원하고 후원하는 역할을 해야 한다.

이제 국방이나 외교 등의 극히 한정된 분야를 제외하고 나라의 변화와 발전은 '지역 네트워크'를 통해 가능하게 될 것이다. 지역사회가 중앙에 일방적으로 종속되는 것이 아니라 '지역 네트워크'를 통해 중앙정부와 나라 전체를 변화시킬 수 있는 것이다. 따라서 이제 우리는 '지역을 바꿔야 나라가 바뀐다'는 말을 할 수 있는 것이다.

기초의원 출신이 대통령 되는 날

　지방자치를 '풀뿌리 민주주의' 또는 '민주주의의 학교'라고 한다. '풀뿌리 민주주의'라 하는 것은 식물이 생존하기 위해서는 뿌리가 땅속에 자리를 잘 잡아야 하는 것처럼 민주주의가 정착이 잘 되기 위해서는 지방자치제도가 일상생활 속에 뿌리를 내려야 한다는 희망을 담고 있는 표현이다.

　지방자치를 '민주주의의 학교'라고 말하는 것에는 두 가지 의미가 있다. 첫 번째는 주민들이 생활세계인 지역사회의 중요한 문제에 대해 스스로 참여하여 결정하는 경험을 통해 자연스럽게 공동체의 문제에 관심을 가질 수 있게 되어 민주주의가 발전한다는 의미를 담고 있다. 실제로 지방자치제도가 실시되기 전만 해도 우리 지역의 예산이 어떻게 편성되고 심의·의결되어 집행되는지 주민들에게 전혀 알려지지 않았다. 중요한 문제에 대해 주민들이 참여할 수 있는 기회는 거의 없었다. 지방자치제도가 실시되면서 예산의 편성·심의·집행 과정이 지방의회와 주민들에게 공개되었으며, 중요한 문제에 대해 결정하는 데 주민들의 의견을 제시할 수 있는 기회는 전에 없이 확대되었다. 이러한 경험을 통해 우리는 과거처럼 권위주의 정권이 다시 등장할 수 없음을 깨닫게 되었고 자연스럽게 우리 사회 곳곳이 민주화되었던 것이다.

지방자치가 '민주주의의 학교'라는 말의 두 번째 의미는 우리 사회의 정치 엘리트 충원과정이 서서히 바뀌고 있다는 점이다. 지금까지 우리 사회의 정치 엘리트들은 대체로 군사정권에서의 군 출신이나 이에 저항하던 민주투사들, 그리고 양쪽으로 수혈되었던 대학교수를 비롯한 전문가 그룹이었다. 주민들의 일상생활과 정치 충원과정은 완전히 별개로 동떨어져 있었던 것이다. 주민들에게 검증받지 않은 정치인들이 단지 군사정권의 필요성에 의해서 아니면 이른바 3김에 대한 충성심을 기준으로 정치권에 충원되었다. 이처럼 주민들의 생활이나 정치적인 요구와는 아무런 관계가 없는 정치 충원의 결과로 오늘날 정치에 대한 국민의 불신과 냉소를 초래한 측면이 적지 않다.

지방자치제도를 실시한 지 10년이 넘어가고 있는 시점에서 지방자치가 우리나라의 정치 엘리트 충원에 미친 영향이 서서히 드러나고 있다. 16대 총선 국회의원 273명 가운데 지방의원이나 자치단체장 출신이 전체의 8.8퍼센트인 24명에 이르렀다. 15대 국회에 비해 4배나 늘어난 수준이다. 이 가운데 몇몇은 지방의원-자치단체장-국회의원의 단계를 거치는 첫 모델로 등장했다. 기초의원이나 광역의원 출신의 국회 등 중앙정계 진출은 우리 정치의 충원 과정에 획기적인 변화를 가져올 것이고 이는 한국 정치를 변화시키는 한 요인이 될 것이다.

왜냐하면 지방의회를 거치게 되면 오랫동안 주민들의 투표를 거쳐 역량을 검증받는 사람만이 중앙정계로 나갈 기회를 가지게 되기 때문에 함량 미달의 인물이 실력자의 낙점을 받아 중앙정계로 진출하는 일은 사라지기 때문이다. 지방의회 활동을 통해 함량 미달의 인물은 시민들에 의해 자연 도태될 것이다.

또한 지방의회 출신들은 의회 활동을 통해 정책·법규·행정에 대한 식견을 자연스럽게 키우게 된다. 이를 통해 정치인이 단순히 '힘 있는 자'가 아니라 국민에게 필요한 정책을 산출해 내는 '서비스맨'으로 바뀌게 될 것이다. 그리고 지방의원 출신의 중앙정계 진출은 정당의 운영을 민주적으로 바꾸어 나갈 것이다. 밑으로부터 변화의 동력이 만들어져서 정당 운영에 변화를 몰고 올 것이다.

지방자치에서 우리보다 앞서 있는 일본의 경우 호소카와 모리히로(細川護熙) 전 총리는 구마모토 현지사 출신이다. "국가가 변하지 않으면 지방이 먼저 변화하겠다"는 내용인 『지방의 논리』라는 책을 내기도 했고 그 경륜을 토대로 총리직까지 올랐다. 무라야마 도미이치(村山富市) 전 총리도 오이타 현의원 출신이다. 일본의 국회의원(중·참의원) 752명 가운데 36퍼센트나 되는 269명이 지방의원 출신(전체의 29퍼센트)이거나 자치단체장 출신이다.

미국의 경우도 비슷하다. 클린턴 대통령은 아칸소주 지사를 하면서 성공적인 행정 서비스 혁신을 한 점을 인정받아 대통령에 당선되었다. 카터 대통령, 존슨 대통령 역시 주의회 의원부터 출발했다.

앞으로 우리나라에서도 지방의원 특히 기초의원 출신 대통령이 탄생하게 될지도 모른다. 아마 이때가 우리나라에서 민주주의가 제대로 되는 날로 역사에 기록될 것이다. 지방자치는 민주주의의 학교이며 이 학교가 배출한 시민들과 정치인 동문들이 우리 사회를 바꾸어놓을 것이다.

정치 충원의 새로운 경로, 지방의회

우리나라 정치권을 구성하고 있는 사람들의 출신을 보면 대체로 3김씨의 그늘에서 성장한 사람들이 많다. 상도동계, 동교동계, 청구동계라고 속칭되는 정치세력이 우리나라의 현대 정치사를 지배해왔다고 해도 과언이 아닌데, 이들 범주에 포함하기 어려운 사람들조차도 사실은 이들 세력을 위해 수혈되거나 장식품 같은 역할을 했다고 볼 수 있다. 요즘도 선거가 있을 때마다 각계의 전문가들이 정치권에 영입되는데 대부분 기성 정치세력을 위해 수혈된다는 의미 외에는 별다른 역할을 하지 못하고 있다. 학자, 기업인, 연예인, 재야 출신들이 매번 영입되지만 이들이 독자적인 목소리를 내는 것을 본 적이 없다.

나는 우리 정치권에서 다양한 목소리가 나오지 못하는 근본적인 원인 가운데 하나가 정치 충원 방식의 협소함에 있다고 본다. 스스로의 기반이 없는 상태에서 영입 형태로 정치권에 진출해 본들 자기 목소리를 내기는커녕 국회에서 거수기 역할만 할 수밖에 없는 것이다. 모두들 정치권의 부정부패, 정경유착에 대해 비판적인 시각을 갖고 바로잡겠다는 의지를 보이면서도 아무런 역할을 하지 못하는 것은 이들의 충원 방식이 자기 기반을 갖고 이루어진 것이 아니라 영입의 형태를 보였기 때문이다.

이런 측면에서 정치 충원 방식이 변하지 않으면 우리 정치가 결코 바뀌지 않을 것이다. 3김으로 대표되는 또는 그와 유사한 지도자에 의해 발탁되는 정치 충원이 유력한 정치인 등용 과정으로 존재하는 한 정치권의 변화는 기대할 수 없다. 따라서 새로운 정치 충원 통로가 만들어져야 하며 그 방식으로 가장 유력한 것은 지방의회를 통하는 것이다.

흔히들 지방의회를 '민주주의의 학교'라고 한다. 지방의회에서 지역주민들과의 관계 속에서 능력을 검증받고 경험을 쌓은 사람들 가운데 정치권을 충원해 나간다면 주민들에게 신뢰받은 인물로 정치권이 바뀌게 될 것이다. 지역에 뿌리를 튼튼히 내린 사람이 정치권의 보스를 위해 거수기 노릇만 하지는 않을 것이다. 또한 주민들의 신뢰를 받으며 성장한 정치인은 주민들 속에서 자신의 노선과 정책을 검증받는 방법을 알기 때문에 돈으로 표를 사려고 하지 않을 것이다.

지난 15대 국회는 지방의회 출신들이 몇몇 있었는데 이들의 국정 활동은 대체로 호평을 받았다. 대표적인 경우가 안동 출신의 권오을 의원이다. 국회의원으로서 활동을 잘할 수 있었던 배경에는 지방의원으로서의 경험이 큰 힘이 되었다고 본다. 이번 16대 국회에도 지방의회에서 검증받고 활동한 인물들이 상당수 당선되어 활동하고 있다. 아마 국회 임기 말에 이들의 의정활동을 평가한다면 다른 국회의원에 비해 높은 평가를 받을 것이 틀림없다고 생각한다.

이들의 진출과 활동은 우리 정치권에 새로운 물결을 불러일으킬 것이다. 386세대의 진출로 세대교체를 꾀할 수도 있겠지만 이들의 진입 방식도 영입의 형태를 벗어나지 못하였다. 지방의회 출신의 많은 충원은 우리 정치를 한 걸음 전진시키고 풍부하게 만드는 데 큰 역할을 할 것이다. 이들의 건투를 빈다.

청년이여, 고향으로 돌아가 시장이 되자

우리나라 현대사에서 청년세대는 그 어떤 정치세력보다 중요한 역할을 해왔다. 일제강점기 때 3·1운동, 광주학생운동을 비롯한 항일운동의 중심에는 항상 청년학생이 있었다. 해방공간에서의 건국 운동 과정에서도 학생들은 선봉대 역할을 했으며, 권위주의 치하에서 민주주의를 위해 선두에 서서 싸웠던 집단 또한 청년학생이었다. 민족 분단을 종식하고 통일의 미래를 만들어 나가기 위한 운동에서도 청년학생은 누구보다 앞장을 서는 등 시대와 겨레의 과제를 외면하지 않고 치열하게 투쟁해 왔다.

이처럼 우리 사회에서 청년학생은 단순히 미래를 준비하는 주역만이 아니라 치열한 현실 참여를 통해 시대의 과제를 실현하기 위한 투쟁에 함께했다. 청년학생의 헌신이 주요한 동력이 되어 권위주의 정권이 물러났으며 우리 사회 곳곳은 민주화의 길로 접어들게 되었다. 우리 사회가 점진적인 민주화의 길로 접어들면서 청년학생이 당면한 시대적 과제도 변화하고 있다.

 민주화의 길로 접어들면서 권위주의적인 국가권력이 물러난 이 시대에 청년학생의 임무는 '민주주의의 질적 심화'가 되어야 한다. 민주화의 길로 들어섰다는 것은 형식적·절차적 민주주의가 우리 사회에 정착되기 시작했다는 뜻이며, 질적인 면에서 볼 때 궁극적인 목표는 아직 이루어지고 있지 않은 것이다.

 사회 곳곳에 권위주의 시대의 잔재가 널려 있으며 이것이 우리의 자유로운 생활을 가로막고 있다. 심지어 우리 자신의 습관에도 비민주적인 요소가 있어 스스로를 옭아매는 경우도 있다. 몸에 배인 권위주의적인 질서가 여전히 똬리를 틀고 있고 남성 우월주의, 지역차별, 환경오염, 문화·복지의 빈곤으로 자유로운 생활이 어려운 것이다. 이러한 문제는 국가권력을 어떤 정치집단이 잡느냐 하는 것과는 관련이 없기 때문에 권위주의적인 정부를 민주적인 정부로 교체하려는 노력과는 별도의 노력이 필요한데, 이것은 필연적으로 생활세계에서 이루어져야만 성과를 낼 수 있다. 수천 년 동안 중앙집권적인 질서에 익숙해진 우리 사회는 그 폐단 때문에 큰 고통을 받고 있는 것이다.

 수도권으로의 인구 집중 때문에 파생되는 주택·교통·환경 문제들은 국가권력의 성격 변화를 통해 결코 해결할 수 없다. 오히려 중앙의 국가권력을 약화시키고 생활세계에 권한을 위임해서 그 속에서 해결할 수 있는 문제는 스스로 할 수 있도록 만들어 가는 것이 우리의 새로운 과제다.

  교육부장관이 바뀔 때마다 되풀이되는 입시정책 변경으로 학생들이 혼란스러워하는 모습은 전형적인 중앙집권의 폐단이다. 학생 선발권을 교육기관에 주어야 한다. 교육기관의 학생 선발권과 학생들의 학교 선택권을 보장해 주는 방식으로 교육정책의 방향이 바뀌어야 하는 것이다. 지역별, 기능별로 집권화된 권력이 분산되도록 해야 한다.

  고속성장이 국가적 목표가 된 시대에 국가의 모든 자원을 효율적으로 동원하기 위한 체제로서의 중앙집권적인 국가권력은 그 효용성을 다했다. 강력한 중앙집권적 국가권력으로 해결할 수 있는 문제가 별로 남아 있지 않은 것이다. 중앙집권적 국가권력으로부터 생활세계가 식민화된 상태에서 생활세계의 문제해결 능력이 나오지 않는다. 중앙집권적 국가권력으로부터 생활세계를 해방시키는 일이야말로 자유로운 생활을 보장하는 우선적인 과제이다.

  이를 가능하게 하는 첫 번째 조건이 지방자치제도인데, 형식적인 측면에서의 지방자치제도는 그 역사가 10년에 이르고 있으나 실질적인 측면에서의 지방자치는 요원한 실정이다. 실질적 측면에서의 지방자치제도가 자리 잡기 위해서는 지금보다 훨씬 더 많은 권한이 지방으로 이양되어야 한다. 지방에서 해결하기 어렵거나 해결하는 것이 비효율적인 때에 한해서 국가의 개입이 필요하다는 원칙을 확인해야 한다. 지금까지 국가의 권한이라고 당연하게 생각했던 많은 부분이 지방으로 이양되는 것이 실질적 측면에서 지방자치를 이루는 첫 번째 조건이 된다.

다음으로 지방자치를 실질적으로 실현하기 위해서는 지방자치를 이끌어 나갈 만한 사람이 있어야 한다. 말은 나면 제주로 보내고, 사람은 나면 서울로 보내라는 속담처럼 지역사회에서 제법 똑똑하다는 평을 받는 인재들이 서울로 가서는 지역에 내려오지 않는다. 그래서 지역사회는 돈도 사람도 없는 곳이 되고 만다. 사람과 돈이 모두 서울로 모이는 악순환이 되풀이되고 있는 것이다.

이런 악순환을 끊기 위해서 청년학생이 결단해야 한다. 지역에서 자리 잡은 청년학생은 서울이나 대도시에 가서 새로운 기회를 만들기 위해 노력하기보다 고향에서 자신의 능력을 발휘할 기회를 찾기 위해 노력해야 하며, 서울로 대도시로 학업을 위해 떠난 청년학생도 사회 진출의 첫발을 고향에서 내딛겠다는 각오를 해주기를 바란다.

1980년대 노동운동이 현장 투신을 결단한 청년학생에 의해 성장했던 것처럼 수천 년 동안 중앙집권적인 우리 사회의 병폐를 해결하기 위해서는 유능한 청년학생이 고향에서 사회의 첫걸음을 내딛겠다는 각오와 결단이 필요하다. 지역에서부터 우리의 생활세계에 변화를 만들어 내고 국가를 변화시킬 힘을 만들어 나가야 한다.

이제 지역사회가 권력자나 부자가 말년에 낙향하는 땅이 되어서는 안된다. 지역사회의 실정을 전혀 모르는 인사가 낙하산을 타고 내려오는 착륙지여서도 안된다. 지역주민과 동고동락하며 살기 좋은 지역사회를 만들기 위해 애쓰는 사람들이 지역사회를 책임져야 한다.

진로를 고민하는 많은 청년에게 고향으로 돌아가자고 권하고 싶다. 고향에는 눈에 보이지 않는 많은 자산이 있다. 고향에는 청년에게 많은 기회가 있다. 참신한 아이디어를 가진 청년은 그 실현을 지역주민과 함께하기를 바라고 사회의 변화를 꿈꾸는 청년은 변화의 힘이 바로 지역사회에 있음을 말해주고 싶다. 그 힘을 함께 모아나가자고 권하고 싶다.

청년이여, 고향으로 돌아가 시장이 되자!

지역에서 희망을 찾자

정치에 대한 무관심과 냉소가 극에 달하고 있다. 정치권에 대한 불신이 너무 높아 이제 정치에서 희망과 나라의 미래를 찾으려는 국민은 거의 없어 보인다. 최근의 선거에서 투표율이 눈에 띄게 낮아지고 있는 현상은 국민들의 이러한 정치 불신, 정치 허무주의를 반영하고 있다고 볼 수 있다. 국민들의 정치 불신과 정치 허무주의의 배경에는 기성의 정치권이 국민의 기대를 충족시켜주기는커녕 정쟁으로 날을 새고 그러면서도 부정부패가 끊이지 않기 때문이다. 국민들의 힘으로 부패하고 무능한 정권을 교체했지만 더 큰 무능과 부패를 되풀이하고 있는 모습을 보면서 어느 국민이 절망하지 않을 수 있고 어떤 사람이 정치에서 희망을 찾을 수 있을 것인가?

폭압적인 군사정권을 물리치고 민주적인 인사로 구성된 정부를 구성하면 좀 더 민주적이고 깨끗한 정치가 올 것이라고 기대했지만 국민들이 직면한 것은 더 큰 부패와 무능, 비민주적 행태였다. 문민정부에 실망한 국민들은 국민의 정부에도 절망하고 말았다.

정치권의 무능과 부패는 정권의 교체를 통해서도 치유할 수 없는 불치의 병이 되고 말았다. 군사정권의 권위주의적인 통치 아래서 숨죽이던 시절에 국민들은 죽음을 불사하며 저항하던 민주투사들에게 자유로운 시대에 대한 희망을 걸 수 있었다. 하지만 민주투사들의 집권으로 실망한 국민들은 이제 더 이상 희망을 걸 곳을 잃고 말았다.

어디에서 새로운 희망을 찾을 수 있을 것인가? 새로운 시대를 만들어 나갈 힘을 어디에서 어떻게 만들어 나갈 수 있을 것인가? 국민들에게 실망과 절망을 안겨주고 있는 기성의 정치권을 변화시킬 수 있는 힘을 어디에서 찾을 수 있을까? 변화하지 않는 중앙의 정치권을 어떻게 변화시킬 수 있을까?

사람을 움직이게 하는 가장 큰 동력은 자신의 피부에 와 닿는 생활적인 문제나 현실적인 문제이다. 사람들은 자신이 직접 부딪히는 문제에 대해 가장 많이 생각하고 행동하게 마련이다. 사람은 일정한 범위의 지역과 인간관계 안에서 생활하게 된다. 일정한 지역 내에서 생산과 소비활동을 하며 교육과 문화적 향유, 인간관계가 이루어진다.

이렇게 사람의 생활이 이루어지는 구체적인 공간이 지역사회다. 지역사회는 '농촌사회'나 '지방'과는 차이가 있는 개념이다. 우리의 생활과 직접 연관이 없는 다른 지역의 문제나 전국적 차원의 문제는 접근하기가 쉽지 않을 뿐 아니라 우리의 의지와 너무나 무관하게 움직이는 듯하기 때문에 그런 문제를 두고 행동하기가 어렵다. 그러나 생활현장에서 이루어지는 문제들에 대해서는 쉽게 느끼고 행동하기 또한 수월하다. 교육·보건·환경·복지 등 일상생활과 밀접한 문제들은 모두 지역사회에서 이루어지기 때문에 그리고 전국적인 문제도 지역적인 문제를 통해서 확인되기 때문에 지역적인 차원에서 행동하는 것이 곧 전국적인 차원의 행동이 되는 것이다. 다시 말해 내가 살고 있는 지역사회를 제대로 만드는 일은 곧 전국을 제대로 만드는 일이 되는 것이다. 지역을 바꾸는 일은 나라를 바꾸는 일과 연결되어있다는 말이다.

정권을 바꾸었다고 해서 지역사회가 변화하지 않는다는 것은 경험으로 잘 알 수 있었다. 권위주의 정권을 교체했다고 해서 우리의 생활세계가 변화하지 않는다는 것을 또한 경험으로 배웠다. 이제 변화하지 않는 나라를 변화시키기 위해 우리의 생활세계인 지역사회부터 바꾸어 나가야 한다. 지역사회를 바꿈으로써 나라를 바꿀 수 있는 것이다.

'고르고 자유로운 공동체'라는 희망을 지역사회에서 실현하기 위한 새로운 노력을 시작해야 한다. 지역사회에서 미래의 희망을 가꾸어 나가야 한다. 정치를 변혁할 새로운 정치세력은 하늘에서 떨어지지 않는다. 지역사회를 변화시켜 나가는 과정에서 정치를 바꿀 새로운 흐름이 자연스럽게 생성될 수 있을 것이다. 보다 자유롭고 고른 세상을 꿈꾸는 사람이 희망을 가질 수 있는 곳이 바로 지역사회다. 지역사회에서 젊은이의 희망, 미래의 꿈을 찾아야 한다.

지방화시대의 새로운 입법 경로

국민의 알 권리와 국정운영의 투명성을 보장하기 위해서 지금은 너무나 당연시되는 정보공개법이 제정된 것은 불과 5년 전인 1996년 12월 31일이었고 시행된 것은 1998년 1월 1일부터였다. 정보공개법이 제정되기까지 밟아온 경로에서는 다른 법률이 제정되는 과정과는 사뭇 다른 점이 발견된다. 이 점은 지방자치에서 우리보다 한 걸음 앞서간다고 볼 수 있는 일본에서도 마찬가지다. 그것은 국가에서 법률로 제정하기에 앞서 지방자치단체에서 먼저 조례를 제정하여 실시한 후에 입법화되었다는 사실이다.

우리나라의 경우 청주시의회가 1992년 10월 1일 전국 최초로 '청주시행정정보공개조례'를 의결했는데, 상위법의 위임규정이 없다는 이유로 단체장의 '재의요구'와 의회의 '재의결'을 거쳐 '재의결 취소 소송' 끝에 시행에 이르게 되었다. 이에 따라 상위법이 제정되기 전에 이미 전국의 170여 자치단체에서 조례를 제정해 정보공개제도를 운영하게 되었고, 결국 1994년 국무총리 훈령으로 '행정정보 공개운영 지침'을 마련했다가 1996년 말에 가서야 '공공기관의 정보공개에 관한 법률'을 제정하게 되었다.

일본에서는 1960년대의 공해·환경·도시·소비자 문제 등의 분쟁 발생과 그것에 수반한 주민운동, 시민운동의 발생을 전사(前史)로 하여, 1970년대에 이르러 차례차례 드러난 정치적 스캔들 혹은 독직 사건과 이에 대해 정보공개법을 요구하는 시민운동이 전개되었다고 한다. 그러나 법제화를 향한 국가의 대응은 둔하기만 하였고 오히려 지방자치단체가 적극적인 움직임을 보여 1982년의 야마가타현(縣) 카네야마정(町)의 정보공개조례 제정을 시작으로, 1983년의 카나가와현, 사이타마현, 1984년의 오사카부(府), 나가노현, 카와사키시에 이어 1989년에는 27都道府縣, 104市町村이 조례를 제정했으며 1997년에는 47都道府縣, 237市, 23特別區, 88町村이 되었다. 이에 반해, 국가의 정보공개법 제정을 향한 움직임은 극히 완만한 것이었고 1999년에 가서야 이루어지게 되었다.

우리나라와 일본에서 정보공개법이 제정되는 과정을 살펴보면 지방화시대의 중요한 입법 경로 하나를 확인할 수 있다. 그것은 국민적 요구나 입법 필요를 국가가 제대로 수용하지 못할 때 지방자치단체에서 먼저 조례를 제정해 자치단체의 범위 안에서 실시해 본 이후에 이를 전국화 또는 입법화하는 경로다. 정보공개법의 제정 과정뿐만 아니라 많은 정책의 시행에서도 비슷한 경우를 발견할 수 있다.

포항시의회에서 3년 전부터 실시하고 있는 '어린이 자치학교'라는 특수시책의 경우 그다음 해부터 전국의 많은 지방의회에서 실시하게 되었고, '주민감사청구제도', '입찰 수수료' 징수 등은 다른 지역에서 먼저 실시한 시책을 포항시가 나중에 도입한 제도이다. 이처럼 지방자치제도가 실시되고 난 후에 지방자치단체는 행정자치부나 중앙정부의 각 부서에서 지도하고 지시하는 시책을 일방적으로 집행하는 하부기관에서 벗어나 독창적으로 자기 여건에 맞는 제도나 시책을 개발하고 이를 집행함으로써 다른 지역에 전파하는 자율적인 지위를 확보하는 방향으로 나아가고 있다. 반면, 지역의 실정을 제대로 모르는 중앙부서의 지시가 제대로 집행될 수 없게 되었고 오히려 중앙부서는 한쪽 지역의 사례를 다른 지역으로 확산, 전파하는 역할을 하는 것으로 지위가 위축되고 있다. 이런 사례들을 볼 때 앞으로 중앙과 지방의 역할을 근본적으로 재조정되어야 할 때가 올 것이다.

지방자치제도가 실시되기 전인 10년 전만 해도 지방자치단체는 비록 독특한 지역문화를 가지고 있었지만 중앙정부에서 기획한 정책의 단순한 하위단위·집행단위에 불과하였다. 자기의 특성에 맞는 제도나 시책을 독특하게 만들어 집행할 수 있는 권한을 가지지 못했기 때문에 지역주민의 요구와 필요를 제대로 충족시킬 수 없는 경우가 많았다. 오히려 지역주민들이 행정기관의 요구와 필요에 동원되는 실정이었다. 하지만 지방자치제도가 실시되면서 지역주민과 행정기관의 관계, 지방자치단체와 중앙정부의 관계가 변화하기 시작했다. 지역의 요구와 필요가 중앙정부를 변화시킬 수 있는 여지가 생겼으며 이는 점점 더 확대되고 있다.

과거와는 다른 경로로 법률과 제도가 만들어지는 경우가 많아지고 있다. 정보공개법의 입법 과정은 이러한 변화의 대표적인 경우라 할 수 있고 이런 변화는 이제 거스를 수 없는 대세가 되고 있다.

공존의 정치

 우리 정치사에서 여소야대의 국회 의석 분포가 처음 나타난 것은 노태우 대통령 시절인 1988년 제13대 국회였다. 한 해 전에 있었던 대통령 선거에서 양김의 분열로 군인 출신 노태우 씨가 대통령에 당선된 후 철저한 지역구도에 의한 국회의원 선거가 치러진 결과 나타난 여소야대 정국이었다. 현재의 대통령이자 당시 제1야당 평민당 총재였던 김대중 씨가 정국을 주도적으로 이끄는 상황이 벌어졌다. 대통령의 입장에서는 정국을 마음대로 요리하지 못해 불만이 많았겠지만 여소야대의 상황에서는 국회가 파행적으로 운영되지는 않았다. 그것은 대통령이 국정을 정상적으로 수행하려면 야당의 협조와 이해를 구할 수밖에 없었는데 일정 기간 그렇게 하였기 때문이었다.
 그러나 1990년 초의 3당 합당으로 여소야대 정국은 일시에 붕괴되고 말았다. 이로부터 다시 국회는 파행과 갈등 양상을 보이기 시작했다. 나는 여기서 공존의 논리가 없는 우리 정치의 현실을 보게 된다. 집권자는 자기보다 강한 야당의 존재를 견디지 못한다. 자기 마음대로 하지 못하는 상황을 견디지 못하고 이를 변화시키려 한다. 거대 야당의 존재를 인정하지 못하고 현상의 변화를 꾀하게 되면서 오히려 정국은 불안정해지고 국민은 불안해한다. 대화와 협상을 통해 상반되는 이해를 조정하고 절충하려면 우선 상대방의 존재를 인정해야 한다. 말은 상대를 인정한다고 하면서 대화하려 하지 않거나 대화하면서도 자기주장만 고집해 상대의 입장을 배려하지 않는 것은 상대의 존재를 인정하는 태도가 아닌 것이다. 심지어 상대방을 해체, 분열시키려는 공작을 하는 것은 상대를 인정하는 것이 아니라 파괴하려는 태도이며 공존을 모르는 사람의 태도다.

나는 우리 정치에서 공존의 논리가 부족한 것이 가장 큰 문제라고 생각한다. 소수는 다수의 존재를 인정하면서 다수를 지향해야 한다. 다수 또한 소수를 존중해야 한다. 우리 정치는 이런 공존의 태도가 없기 때문에 싸움판같이 보이는 것이다. 국민의 눈에 정치가 시정잡배들의 싸움터처럼 보이는 것은 모두 이 때문이다. 상대방을 흠집 내고 공격하기 위한 수단으로서만 토론이 존재한다. 정책이나 정견의 차이를 분명히 하고 대화와 타협으로 조정과 절충안을 마련하기 위해 토론하는 것이 아니라 오로지 상대방의 약점을 폭로하고 공격함으로써 상대를 매장시키려는 시도만 눈에 보이게 되는 것이다.

　최근 우리 정치 상황도 비슷하게 돌아가고 있다. DJP 공조가 파기되고 집권 민주당이 소수 정파로 전락하게 되었다. 여기서 공존의 정치가 필요하다. 민주당은 한나라당의 실체를 인정하고 자신들의 정책이 완벽하게는 실천될 수 없음을 알아야 한다. 한나라당이라는 실체에 의해 한번쯤 걸러지고 조정된 정책만 실현할 수 있다는 현실적 한계를 인정해야만 한다. '햇볕정책'이라 불리는 대북정책이든 어떤 정책이든 자신들의 의지를 완전하게 관철하려면 한나라당을 완전히 이해시키거나 강압적인 방법을 동원할 수밖에 없는데, 강압적인 방법은 동원이 불가능하기 때문에 한나라당을 완전히 이해시키지 못하면 결국 합의가 가능한 만큼만 진행할 수 있는 것이다. 이것을 인정해야만 한다.

　이는 한나라당도 마찬가지다. 자신의 정책을 분명히 하고 일치되는 부분만큼의 진행은 도와주고 인정해야 한다. 닭이 먼저냐 달걀이 먼저냐 하는 문제와 유사하지만 민주당과 한나라당이 서로를 인정하는 공존의 정치를 하지 못하고 있는 것 같다. 어떻게든 상대방을 제압하려고 하기 때문에 정치판이 혼란해 보이는 것이다. 상대를 인정하고 대화와 타협을 통해 정국을 이끌어 간다고 생각하면 시끄러울 일이 무엇이 있겠는가.

　말로는 상대를 인정한다지만 행동은 전혀 그렇지 못한 이중적인 태도는 공존의 정치와 거리가 멀다. 상대가 있기에 내가 존재할 수 있다고 생각하며 서로 한발씩 양보하는 것이 공존의 정치다. 전부 아니면 전무라는 태도를 가져서는 안 된다. 나는 지고지순이고 상대는 악의 화신인 것처럼 생각해서는 안 된다. 상대도 완전하지 않고 나도 완전하지 않다는 것을 인정하는 것이 공존의 정치다. 나도 모든 것을 얻을 수 없고 상대도 모든 것을 얻을 수 없다는 것을 인정하는 것, 상대를 빈손으로 만들 수 없고 나 또한 빈손이 되어서는 안 된다는 것이 공존의 정치다.

지금의 대통령도 자신의 정책만이 지고지순의 선이라는 생각을 버려야 한다. 자신의 정책에 대해 비판하는 사람을 '반통일'이니 '반개혁'이니 하는 낙인을 찍어서는 안 된다. 단지 생각이 다를 뿐이다. 누구나 생각이 다를 수 있기 때문이다. 우리 사회에 자신과 다른 생각 반대되는 생각을 하는 사람이 많다는 것을 인정해야 한다.

자신은 통일과 민족의 화신이고 자신과 생각이 다른 사람은 악의 화신으로 단죄해서는 안 된다. 그것은 공존의 정치가 아니다. 우리 정치에 공존의 문화를 불어넣어야 한다.

공존의 정치체제

우리나라의 정치체제는 민주주의를 지향하고 있음에도 제도적으로 다양한 정치세력의 공존을 불가능하게 하는 속성을 지니고 있어 이를 수정해야 할 필요성이 대두되고 있다. 공존을 불가능하게 하는 정치체제의 속성은 두 가지 측면에서 나타나고 있는데, 그 하나가 소위 '제왕적 대통령'이라고 불리는 권력체계이고 다른 하나가 의회를 구성하는 선거제도다.

의회제 정부(parliamentary government)와 대통령제 정부(presidential government)는 정부의 중요한 두 가지 형태인데, 우리나라의 대통령제를 '제왕적 대통령제'라고 부르는 경우가 있다. 그것은 대통령 1인에게 국가의 모든 권력이 집중되어 있음을 의미한다. 오늘날 대부분의 나라는 규제 제정권은 입법부에, 규제 집행권은 행정부에, 규제 심사권은 사법부에 각각 배분하면서 권력이 기능적으로 분리되도록 하여 견제와 균형을 이루도록 하고 있다.

이것은 민주주의의 생명인 개인의 자유를 보장하기 위해서 권력의 분립이 필요하다는 오랜 전통과 관행의 반영이고 이를 통해 다양한 정치세력이 공존하면서 경쟁할 수 있게 된다. 그러나 우리나라의 정치체제는 대통령 중심제를 채택하면서도 대통령은 행정부뿐만 아니라 정당, 입법부, 사법부에 걸치는 광범위한 권력을 가지고 있기 때문에 이를 두고 흔히들 '제왕적 대통령'이라고 부르는 것이다. 대통령에게 나라의 모든 권력이 집중된 '제왕적 대통령제'는 부작용이 매우 심각해 다양한 정치세력과 소수파의 공존을 어렵게 만든다는 것이 우리의 경험이다.

여야를 비롯한 각 정파들은 대통령 선거에서 승리하기 위해 모든 것을 걸고 다툰다. 정책 대결이나 국민생활과 직결된 문제해결 능력을 과시하는 것으로 경쟁하기보다는 상대의 치명적인 약점을 찾아서 폭로하고 공격하는 네거티브 전략을 주로 구사한다. 죽기 아니면 살기 식의 처절한 정쟁을 날마다 정치판에서 볼 수 있다. 대권을 잡는 사람과 그가 속한 정당은 모든 것을 가지고 패한 사람과 정당은 아무것도 가질 수 없는 제로섬 게임이 벌어지고 있기 때문이다.

국회에서도 날치기와 몸싸움은 이제 일상화되었다. 타협이나 협상은 찾아보기 어렵게 되었다. 국회에서 다루는 모든 현안에 대한 논의들이 대부분 대권 전략 차원에서 이루어지다 보니 타협이나 절충을 하기보다는 한쪽을 완전히 제압하려고 야당은 무조건 반대, 여당은 강행 전략으로 맞서다 결국 파행을 되풀이하게 된다. 이게 다 '제왕적 대통령'이 되기 위한 지도자들 사이의 경쟁에 기인한다. 우리나라의 대통령이 '제왕적 대통령'으로서의 성격을 가지고 있는 한 우리 정치가 대화나 타협을 존중하는 공존의 정치문화를 흡수하기 어려울 것이다. 대통령의 권한을 대폭 축소해 견제와 균형의 원리를 회복하는 방향으로 권력구조를 반드시 바꾸어야 한다. 여야 한쪽이 다른 한쪽을 제압하고 압살하려는 의도의 실현이 제도적으로 어렵게 만드는 것이 공존의 정치체제다.

   우리의 선거제도 또한 국민들의 다양한 정치적 욕구가 제대로 국정에 반영될 수 없도록 제한하고 다양한 정치세력이 정치에 참여하기 어렵게 만들어 '거리의 정치'를 유도하고 있다. 우리의 정치는 너무나 강력한 지역주의가 여야를 가르고 있어서 특정한 계층의 이익을 대변하는 계급정당이나 특정한 이념을 표방하는 이념정당이 설자리를 잃고 있으며 선거제도마저 소수 정당의 원내 진출을 제한하고 있어서 다양한 정치세력이 제도적으로 공존하면서 경쟁하기가 어렵게 되어있다. 선거법만 보더라도 소선거구제를 유지하고 있어서 각 정당이 득표 비율에 따른 의석을 점유하지 못하게 되어 있을 뿐 아니라 소수 정당의 원내 진입은 거의 불가능하게 되어있다. 게다가 비례대표 선출방식도 정당 투표를 하는 것이 아니라 지역구 득표비율에 따라 배분하도록 되어있어서 지역구 후보를 많이 내지 못하는 정당이나 지역구 당선 가능성이 낮은 정당이 '사표 방지 심리'로 인해 매우 불리하게 되어있다.

이렇듯 '제왕적 대통령제'와 현재의 선거법은 다양한 정치세력이 공존하는 것이 제도적으로 불가능하게 되어있다. 다양한 정치세력이 공존할 수 있는 '공존의 정치체제'를 만들기 위해서는 우선 제왕적 대통령제를 바꿔서 대통령의 권한을 축소해야 한다. 또한 선거제도는 소선거구 방식을 중대선거구로 조정하면서 비례대표 선출방식을 정당 투표로 변경해야 한다.

이러한 내용을 담은 '공존의 정치체제'는 대통령 중임제가 될 수 있고 내각 책임제가 될 수도 있다고 보는데 그것은 국민여론을 존중해 결정할 수 있을 것이다. 무엇보다도 분명한 것은 현재의 권력체계나 선거제도는 '공존의 정치체제'가 아니라는 것이다.

공존의 원리

 '공존'이라는 말을 사전적 의미로 풀이하면 "둘 이상의 대상이 조화롭게 함께 살아가거나 존속하는 것" 또는 "서로 다른 두 가지 이상의 사물, 현상이 같은 시기에 함께 있는 것"이다. 그런데 조금만 유심히 우리 주변의 자연환경이나 인간생활을 살펴보면 이러한 공존의 방식은 매우 보편적인 자연과 사회의 원리로 작용하고 있음을 알 수가 있다.

 비 온 뒤에 뒷산에 아름답게 걸리는 무지개는 일곱 가지 색이 공존함으로써 아름다움을 만들어 낼 수 있다. 히말라야산맥이든 마을 뒤 야산이든 산이 산인 것은 수많은 종류의 침엽수와 활엽수, 수많은 풀과 꽃, 많은 종류의 서로 다른 산짐승, 날짐승들이 공존하기 때문이다. 바다가 바다인 것 또한 수많은 수초와 물고기가 공존하기 때문이다.

 인간생활에서도 공존은 존재의 원리임과 동시에 지향이 되고 있다. 우리 사회에 얼마나 다양한 구성요소가 공존하고 있는가를 생각해 보면 이는 자명해진다. 남녀의 차이, 재산의 차이, 사회적 지위의 차이, 사상의 차이를 가지는 다양한 사람들이 사회를 구성하며 공존하고 있다. 서로 다투기도 하고 갈등하기도 하지만 궁극적으로 공존을 지향하게 되며 갈등과 투쟁으로 공존의 조건이 변할 뿐이다.

사람과 사물의 존재 원리가 공존이라고 할 때, 다양성, 개성, 차이 등은 그 전제가 된다. 다양성, 개성, 차이를 서로 인정하지 않고 용납하지 못할 때 갈등, 투쟁하게 되며 이럴 경우 공존의 조건이 변화해 새롭게 공존할 수 있을 때까지 갈등과 투쟁은 이어진다. 최근의 미국 뉴욕 쌍둥이 빌딩 테러로 미국을 중심으로 하는 서구문명과 이슬람 문명이 충돌하지만 결국 두 문명은 스스로를 위해서라도 공존을 지향하지 않을 수 없을 것이다. 한쪽이 다른 한쪽을 완전히 말살할 수 없기 때문에 결국 공존을 모색하지 않을 수 없는 것이다.

정치의 역할은 다양성, 개성, 차이를 인정하고 공존을 유지하는 것이라 할 수 있다. 정치가 한 사회를 획일화한다거나 한 가지 가치를 절대화하거나 독선이나 우월감에 빠지면 서로 다른 가치들이 공존할 수 없게 되고, 그럴 경우 정치는 제 역할을 할 수 없게 된다. 인간사회에는 헤아릴 수 없는 다양한 차이가 상호의존하며 공존할 수밖에 없는데, 이것을 인정하는 것이 모든 활동의 기본이 되어야 한다.

　우리 정치가 조용한 날이 없이 끝없이 싸움과 갈등으로 날을 지새는 것도 공존을 지향하지 않고 서로가 독선과 우월감에 빠져 있기 때문이거나 자신만이 도덕적이고 상대는 비도덕적이라는 오만에 빠져 있어 공존을 지향하기보다 상대를 배척하고 제압하려고 하기 때문이다. 정치란 우리 사회의 다양한 이해관계를 반영하고 있기 때문에 필연적으로 서로 대립하고 갈등할 수밖에 없다. 그러나 대립하고 갈등하는 정치세력들이 서로에 대해 우리 사회의 일정한 이익을 대변하고 있음을 인정하고 공존을 모색하지 않으면 서로가 불행하고 고통스러워질 수밖에 없다.

　여야, 진보와 보수를 지향하는 모든 정치세력은 먼저 자기와 생각이 다른 상대의 존재를 인정하는 것으로부터 출발해야 한다. 공존은 인간사회의 존재 원리이자 지향이기 때문이다.

공존의 논리

우리는 생각이 다른 사람, 출신 지역이 다른 사람, 지위가 다른 사람, 남자와 여자들, 어른과 아이들이 서로를 존중하며 공존하는 방법이 매우 서투르다. 생각이 다른 사람을 공격하고 무시하고 적대감을 강화함으로써 자신의 지위를 유지하려는 사람들이 우리 주변에 너무 많다.

우리 정치권이 대표적인 경우라 할 수 있다. 자기의 정책이나 차별성을 부각해 국민의 지지를 확대하려고 노력하기보다는 상대의 잘못이나 약점을 파헤쳐서 자신의 입지를 세우려고 하는 경우가 비일비재하고 그것이 정치행위의 모든 것인 양하고 있다. 그래서 한쪽의 정당한 정책이나 의견조차도 대안을 제시하거나 부족한 부분의 보완을 요구하기보다는 억지를 부려 방해하고 실패하도록 만들어 자신의 위치를 유지하려고 한다. 이는 여야가 마찬가지다.

정상회담을 통해 분단 이래 처음으로 구조적인 평화 분위기를 조성할 수 있는 절호의 기회를 맞이하고도 끊임없이 의심하고 적대감을 부추겨 자신의 입지를 유지하려는 세력이 의외로 많아 이것마저 여의치 않은 것을 보면 그들이 과연 어느 나라의 정치인인지 의심스럽다. 물론 분단 반세기 동안 우리 사회 전체가 분단상황에 의존하고 심지어 기생한 세력에 의해 지배되어왔다고도 볼 수 있어서 분단상황을 바꾸려는 시도에 대해 적대적인 것은 당연한 현상이라고 할 수 있다.

하지만 분단상황의 변화를 통한 민족적 이익을 보면서도 여기에 저항하고 반대하는 모습을 보면 우리 사회의 주류세력이 대부분 공존을 지향하기보다 적대적이고 독존을 지향하는 배타성이 강한 집단인 것 같다. 우리 사회 주류들의 적대성, 독존 지향성, 배타성이 우리 사회의 정서를 지배해 국민 일반의 정서가 여유롭고 아량이 많고 너그럽지 못한 게 아닐까 생각하게 된다.

술자리에 앉으면 그 자리에 없는 직장 상사나 동료를 욕하는 것이 당연시되고 크고 작은 한 집단에서 앞서는 사람이 있으면 공연히 비난한다. 모난 돌이 정 맞는다, 사촌이 논 사면 배 아프다, 배고픈 건 참는데 배 아픈 건 못 참는다 같은 속담을 보면 우리 사회에 공존의 논리가 부족한 것은 뿌리가 깊은 것 같다.

오랜 세월 동안 사회의 여러 부분에 공존의 논리, 공존의 문화가 부족한 것이 우리 사회가 경제적으로 풍요로워지고 있으면서도 삭막하고 각박한 큰 원인인 것 같다. 운전 중에 양보가 부족하고, 지하철에서 빈자리가 나면 앞뒤 가리지 않고 먼저 앉고 보고, 주변을 의식하지 않고 큰 목소리로 떠들어 옆 사람을 불쾌하게 만들고, 회의에서는 목소리 큰 사람의 의견이 우세하고 다른 사람의 말에 귀 기울일 줄 모르는 모습을 자주 보게 된다. 언제부터인지 우리의 삶은 여유가 없어지고 전쟁터 같은 살벌함이 느껴지게 된 것 같다.

우리는 공존의 훈련을 해야 한다. 공존의 문화를 키워야 한다. 나와 생각이 다른 사람, 색깔이 다른 사람, 능력이 차이가 있는 사람, 부자와 가난한 자, 남자와 여자, 남과 북, 민족과 민족, 국가와 국가가 서로 공존할 수 있는 정서를 배우고 가르쳐야 한다. 이런 일은 어린 시절부터 자연스럽게 교육되어야 한다. 하지만 우리의 교실은 더욱 살벌한 전쟁터로 전락한 지 오래다. 승승장구하는 학생과 패하여 절망하는 학생들이 이질적으로 뒤섞여있는 전쟁터가 바로 지금의 우리 교실 아닌가.

이런 교실에서 공존의 문화를 느끼고 배우기는 어렵다. 시민운동단체 일부에서도 비판을 위한 비판, 자기를 부각하기 위해 남을 비난하는 경우가 있다. 이런 태도 또한 누구에게도 도움이 되지 않는다.

어디에서 시작할 것인가. 나는 한국청년연합회(KYC)에서 벌이고 있는 사업이 회원들과 시민들이 공존의 훈련을 하고 있는 것이라 생각한다. 우리가 하는 대부분의 사업은 공존의 문화를 담고 있다. 어깨동무, 좋은 친구, 의정 도우미, 현충일 공동 추모식 등이 이런 의미를 담고 있는 사업이다. 차이가 있는 것을 어울리게 만들고, 적대적이었던 것을 화합하게 만들고, 감시자에서 협조자로 발상을 바꾸어 더불어 사는 '공존'의 세상을 추구하는 것이라 생각한다. 비록 작은 일이지만 KYC 회원 모두 이런 공존의 문화에 흠뻑 젖어서 지역사회부터 너그럽고 여유 있고 어울려 살만한 공동체를 만들어 가기를 기대한다.

문명의 공존

 2002 월드컵을 앞두고 한국의 보신탕 문화가 다시 세계인의 도마 위에 올랐다. 서울 올림픽 때에도 잠시 보신탕을 둘러싼 논란이 있었던 기억이 있는데, 그때보다 더욱 심해진 느낌이다. 미국, 프랑스의 텔레비전이 보신탕을 놀림감으로 삼는가 하면 프랑스의 여배우는 방송에서 '야만'이라는 말을 되풀이했다고 한다. 다른 문화와 문명의 특수성을 인정하지 않는 서구 우월주의, 미국 중심주의가 어떤 참사를 가져왔는가를 목격한 서구인들이 아직도 이 같은 소리를 하는 것을 보면 앞으로 얼마나 많은 인류의 불행이 있을지 등골이 오싹해진다.

 인류사에 전쟁과 폭력이 되풀이되면서 많은 민족과 나라가 불행하게 된 것은 하나의 민족, 국가, 하나의 이념, 종교 등이 절대화되어 자기와 다른 것을 인정하지 않는 데서 비롯된 경우가 대부분이다. 11세기 말에서 13세기 말 사이에 일어난 십자군전쟁이 대표적인 경우다. 자신이 믿고 있는 종교적 신념이 다른 어떤 것보다 우월한 상태에 있었던 데에서 비롯된 전쟁으로 수많은 사람이 살상되었다. 물론 다른 사회경제적 배경도 있었지만 종교적 신념의 절대화 내지 절대화한 종교가 세속을 통치했기 때문이라고 본다.

최근에 있었던 9·11 뉴욕 쌍둥이 빌딩 테러 역시 그 배경을 깊이 살피지 않으면 이와 같은 악성 테러는 끝없이 되풀이될 것이다. 이번 테러의 배경에 세계의 질서가 미국을 중심으로 짜여야 한다는 미국 중심주의가 깔려 있음을 알아야 한다. 따라서 이번 테러의 근본적인 치유책은 오사마 빈 라덴(Osama bin Laden)을 생포해 처형하고 탈레반 정권을 붕괴시키는 데 있지 않고 오히려 미국의 자기반성에서 찾아야 한다고 본다.

나는 우리나라의 개고기 문제를 거론하는 서구의 일부 시각이 미국의 제국주의적 시각과 흡사하다고 본다. 얼마나 다양한 음식문화가 이 세상에 존재하는지 모른다. 모두 다 그 지역과 역사적 특수성을 반영한 음식문화다. 어떤 음식문화도 비난이나 칭찬의 대상이 될 수 없다. 오직 있는 그대로 인정할 수 있을 뿐이다. 물론 사람을 잡아먹는 식인종이 있다면 예외이겠지만.

9·11 뉴욕 테러 이후 새뮤얼 헌팅턴(Samuel Huntington)이 말했던 '문명의 충돌'을 우려하는 사람들이 늘어나고 있다. 서구 문명과 이슬람 문명은 충돌할 것이며 그 단초가 9·11 테러라는 것이다. 나는 서양사람들이 세계적인 축구대회를 앞두고 개최국의 음

식문화에 대해 시비를 거는 인식이 다수를 차지하는 순간 '문명의 충돌'이 현실화되어서 인류는 큰 화를 면하기 어렵게 될 것이라 생각한다. 이슬람이나 아시아의 생활방식이나 사고방식을 '야만'이라고 보는 시각이 서구사회에 다수를 차지하는 순간 '문명의 공존'은 가능하지 않고 충돌을 향해 치달을 수 있다.

하지만 다양한 가치를 인정하며 공존의 문화를 발전시켜 온 서구사회에 그런 독선적인 시각이 다수를 차지하지는 않을 것이라 짐작한다. 그런 시각은 단지 서구사회의 다양성을 빛내주는 한 계기가 될 것으로 기대한다. 많은 시간과 부침이 따르겠지만 결국 미국사회도 자기반성에 이르러 문명의 공존을 추구하는 것이 다 함께 평화롭게 사는 길임을 깨닫게 될 것이라 믿는다.

시민경선제를 제안함

새로운 제도가 우리 사회에 도입되는 과정이 과거처럼 중앙정부나 각 분야의 소위 '중앙'에서 결정하고 지역이 따라가는 것이 아니라 역으로 지역에서 실험적으로 실시되어 검증된 제도가 전국으로 확산되는 방식이 지방화시대의 일반적인 과정으로 정착되고 있다. 중앙정부에서 새로운 정책을 도입할 때도 일부 지역에서 시험적으로 실시한 후에 장단점을 파악해 보완한 후 전국으로 실시하는 게 일반화되어야 하고 지역 단위에서 자율적으로 실시해 본 정책 가운데서도 훌륭한 평가를 받을 경우 전국적으로 확산되는 사례가 늘어나고 있다. 이러한 모습은 지방자치제도가 실시된 후에 더욱 두드러지게 나타나고 있다.

지금 정치권의 최대 화두가 되고 있는 정치개혁, 특히 정당의 공직선거 후보 결정방식 개혁의 경우에도 이와 같은 방식이 도입되어야 한다. 다시 말해 지금은 주로 대통령 후보 선출방식만 논의하고 있지만 2002년에 있을 선거 가운데 지방선거가 먼저 있기 때문에 우선 지방선거 후보 결정방식부터 개혁하고 이를 적용한 후에 대통령 후보 선출과정에도 적용하는 것이 바람직하다고 생각한다.

우리 정치가 안고 있는 다양한 문제의 핵심에는 정당의 비민주성이 있다. 국고보조를 통해 주로 운영되는 정당이 일인의 사적인 통제 아래 있는 사당적(私黨的)인 성격이 바로 그것이다. 대부분의 정당에서는 공직 후보 공천권을 일인이 독점하는 구조이고 지역주의가 이를 뒷받침하기 때문에 함량 미달의 인물이 공직에 진출하는가 하면 이른바 낙하산 공천이 이루어지기도 했는데, 이로 인해 국민들의 지탄을 받게 되었다. 국민들은 정치과정에서 투표 당일 기표소 안에서만 주권자이지 다른 모든 과정에서 들러리, 구경꾼에 불과했다.

그렇기 때문에 정치개혁의 기본적인 방향은 정당의 사당적 성격을 해소하는 것이어야 한다. 정치적 결정에 국민 다수의 뜻이 반영되어야 하며 국민이 직접 참여할 수 있어야 한다는 것이다. 다시 말해 후보 공천권을 포함한 모든 정당의 권한을 국민과 당원 모두에게 되돌려주는 것이 본질이 되어야 한다. 따라서 지금 여당을 중심으로 논의되고 있는 대통령 후보 국민경선제를 지방선거에서도 도입해야 한다. 대통령 후보 선출뿐만 아니라 모든 공직선거 후보 선출권을 국민과 당원에게 돌려주는 방향의 개혁이 이루어져야 한다.

이를 가능하도록 하기 위해 지방선거에 나설 후보자 선출과정에 전 당원과 관심 있는 시민이 참여하는 '시민경선제'를 실시하는 것을 검토해야 한다. 지금까지 지방선거에서 정당의 공천권은 거의 전적으로 지구당 위원장이나 당 총재의 손에 있었다. 형식적인 경선이 있기도 했지만 대의원 수가 너무 적거나 구성에 문제가 있었기 때문에 전체 당원이나 관심 있는 시민들의 의사가 균형 있게 반영되기보다는 지구당 위원장의 의사를 관철하는 또 다른 방법에 불과했다. 당원이나 국민들은 철저히 배제되었다. 국민들은 지구당 위원장이나 총재가 내놓는 사람에 대해서만 투표할 뿐이었다. 누구를 내놓는가는 전적으로 지구당 위원장이나 총재의 몫이었고 우리 정치의 대부분의 부조리가 여기에서 기인했다. 선거 때마다 불거져 나오는 '돈 공천', '불공정 공천' 논란, 비공식적인 정치자금의 유통이 여기서 비롯되었다. 공천 과정이 합리적이지 않고 자의적이기 때문에 공천 결과에 대해 승복하지 않는 것이 당연시되었다. 공천권을 틀어쥐고 있는 지구당 위원장에게 충성스러운 사람이 우선 공천이 되고 독립성이 강하거나 개혁적인 사람은 공천에서 탈락할 가능성이 높은 것이 현실이었다.

앞서 말했던 것처럼 우선 지역 단위에서 '시민경선제'를 자율적으로 실시해 보는 것이 어떨까 한다. 이를 통해 지역 단위에서 선도적으로 정치개혁 실험을 할 수 있을 것이다. 우리 포항의 정치

지도자들이 이런 정치실험에 앞장서기를 기대한다. 대통령 후보 선출과정에 대한 논의와 별도로 지역 단위에서 '시민경선제' 논의가 시작될 수 있도록 시민단체와 언론의 역할도 필요하다. 지역 단위에서 독자적인 정치개혁 실험을 선도적으로 한다면 자연스럽게 다른 지역으로 확산될 것이고 우리 포항은 한국 정치개혁의 기관차 역할을 하게 될 것이다. 이렇게 되면 우리 지역 각 정당의 지구당 위원장들은 전국적인 정치개혁의 선구자로 위상이 높아질 것이다. 내 고향 포항에서 전국을 선도하는 혁신적인 정치실험이 전개되는 것을 꼭 보고 싶다.

정치개혁에 거는 기대

　대통령의 민주당 총재직 사퇴를 계기로 여당에서 불기 시작한 정치개혁 논의가 활기를 띠면서 백가쟁명의 뜨거운 토론을 낳고 있다. 이유가 어디에 있든 대통령 후보 선출과정에 '국민경선제' 방식을 도입하겠다는 발상을 하고 있는 것은 우리 정치 발전에 큰 기여를 하게 될 것이다. '국민경선제'란 미국의 대통령 후보 선출과정처럼 당원뿐만 아니라 국민들도 정당의 대통령 후보 선출과정에 참여하는 방식을 말한다. 아직 구체적인 안이 확정되지는 않았지만 지금까지의 대통령 후보 선출과정과 비교해 보면 혁명적인 발상의 전환이라 할 수 있다.
　기존의 대통령 후보 선출과정은 미리 짜인 각본대로 대의원들이 요식적인 투표를 통해 이루어졌다. 이런 사정을 감안하면 당원 직접 투표만 해도 상당한 발전인데 국민들까지 참여하는 방식을 도입하겠다는 것은 혁명적인 방식이라 아니할 수 없다. 한 가지 아쉬운 것은 대통령 선거는 아직 1년 이상 남아 있지만 지방선거는 불과 6개월 앞으로 다가와 있는데도 각 정당이 지방선거 후보 선출의 민주화에 대한 논의를 소홀히 하고 있다는 점이다. 어차피 대통령 후보 선출도 각 지역의 지구당이 실무적인 준비를 해야 한다. 각 지구당이 각급 선거 후보 선출을 당원 직접 투표나 시민들까지 참여하는 경선 방식을 도입해 이것이 일반화되면 대통령 후보 선출도 자연스럽게 당원 직선이나 국민경선제가 될 수 있을 것이다.

따라서 지금 소홀히 하고 있는 지방선거에서 민주적 후보 선출을 위한 정치개혁에 각 정당이 더욱 관심을 가져야 한다. 지방선거 후보 선출 방식도 지금 논의되고 있는 대통령 후보 선출방식과 동일한 제도가 도입되어야 한다. 몇몇 각 정당 지구당에서는 지구당 위원장의 독자적인 판단으로 당원 직선에 의한 후보 선출을 실험적으로 실시해서 성공적인 평가를 받았는데, 이를 모든 지구당에서 실시할 수 있도록 제도화해야 한다.

정당도 그렇지만 지구당도 총재나 위원장의 사유물이 아니다. 모든 당원의 총의에 따라 당무가 이루어져야 마땅하다. 그러나 지금까지 우리의 정당은 개인의 사유물에 불과했고 지구당은 더욱 그러했다. 이러한 정당 운영방식을 혁신하지 않고서는 정치 발전을 기대하기 어렵다. 불신과 냉소의 대상으로 전락한 정치를 국민에게 희망을 주는 대상으로 바꾸어 나가기 위해서 우선 정당 운영

방식을 혁신해야 한다.

  정당의 가장 중요한 일이 선거에 후보를 내고 참여하는 것이기 때문에 우선 지구당부터 후보 선출과정을 혁신해야 한다. 지구당 위원장 개인의 친소관계에 따라 공천을 결정하는 것이 아니라 전 당원과 시민들의 의견을 공천 과정에 반영할 수 있도록 정당 운영 방식을 바꿔야 한다. 정치개혁의 출발은 각 정당의 지구당에서부터 시작되어야 한다.

  지구당에서 추천하는 지방선거 후보자 결정 과정부터 민주적으로 바꿔야 한다. 이제 정치개혁은 시대적 화두가 되고 있다. 정당개혁은 시대의 흐름이 되었다. 이 흐름을 거역하는 정치인이나 정치세력은 몰락하게 될 것이다. 지역에서부터 개혁적인 실험이 이루어질 수 있도록 시민들의 압력이 절실하다.

탈중앙정치

지방자치제도가 실시된 지 벌써 10년이 넘어가고 있지만 이 제도에 대한 시민들의 신뢰는 높아지지 않고 있다. 신뢰가 높아지기는커녕 시민들은 '지방의회 무용론'을 제기하는가 하면 중앙정부에서는 시장, 군수 임명제 같은 반자치적인 발상을 공공연히 제기하고 있을 정도로 지방자치제도의 실효성에 대한 불신이 높아지고 있는 듯하다.

30여 년의 중앙집권적인 국가발전 전략이 정치·경제적으로 한계에 직면했기 때문에 지역의 활력과 다양성을 국가발전에 수용하려는 차원에서 지방자치제도가 실시되었다. 이 제도는 주민들이 지방의회와 단체장을 직접 선출한다는 형식적인 측면에서는 진일보했지만, 재정과 권한의 측면에서 아직 미흡한 부분이 많다는 것을 부인할 수 없다.

이를테면 재정자립도가 20퍼센트에도 미치지 못하는 지방자치단체가 자치를 논할 수 있을 것인가? 도시계획조차 스스로 할 수 없는 상황에서 과연 도시의 자치가 가능할까? 시장, 군수가 중앙부처에 예산을 더 많이 확보하기 위해 서울을 자주 오가는 것을 칭찬하는 분위기에서 자치를 논할 수 있을까? 나라의 돈 가운데 80퍼센트가 서울에 집중된 상태에서 지역이 자율적으로 자신의 미래를 만들어 갈 수 있을까? 포항에 있는 공단의 환경오염을 단속하는 데도 단속권의 일부는 국가기관, 일부는 광역단체에, 일부는 기초단체에 있는 실정에서 과연 체계적인 환경정책이 수립될 수 있겠는가?

농업분야, 복지분야에 투자되는 크고 작은 예산이 눈곱만큼의 국·도비 보조를 받으면서 자유로운 예산 운용에 제약을 받는데 과연 이런 상황에서 진정한 지방자치가 실현될 수 있을까? 해양업무, 환경업무, 치안업무, 교육업무, 노동업무들이 모두 중앙행정기관의 하부기관이 통제하는 상황에서 과연 지역의 통합적인 비전을 만들고 추진할 수 있겠는가? 도시계획을 수립해 이를 확정하는 데도 4~5년이 걸리는 환경에서 도시업무를 제대로 추진할 수 있을까?

경험이 일천한 우리의 지방자치제도는 지방의원의 자질론 등으로 흔들리고 있는데 더 중요한 것은 자치를 제대로 할 만한 여건이 갖춰지지 못했다는 점이다. 권한과 재정이 없는 상황에서 지방자치제도는 마치 다리에 힘도 들어가 있지 않은 어린아이에게 걸음을 강요하는 것과 다름이 없다.

지방정부가 싸워서 지방정부의 권한과 재정을 확보해야 한다. 종속 재원이 아니라 자주 재원을 확보하기 위한 노력을 지역이 연대해 전개해야 한다. 지역의 자유로운 활동을 가로막는 법적, 제도적 장애를 제거해야 한다. 그런 방향으로 가면서 주민 통제를 강화하기 위한 제도적 장치를 준비해야 한다.

시민운동의 방향도 균형을 잃지 말아야 한다. 시민운동이 지방자치제도에 대한 회의론을 강화해 온 측면이 있다. 일방적으로 지방의회와 지방단체를 비판하기에 앞서 함께 지역의 권한을 강화하기 위해 노력하는 것이 필요하다.

역사는 희생 속에 전진한다

뉴욕 세계무역센터에 대한 얼굴 없는 테러로 수천 명의 민간인이 사망하는 참사가 2001년 9월 11일 이른 아침에 벌어졌다. 전대미문의 이번 테러는 오사마 빈 라덴(Osama bin Laden)이 저질렀을 것이라는 시각이 압도적인 가운데 전쟁 수준의 강력한 응징이 준비되고 있다. 민간 항공기를 납치해 수만 명의 민간인이 상주하는 빌딩을 향해 자살 테러를 감행한 행위는 어떠한 이유로도 정당화될 수 없다. 철저하게 응징해야 할 것이고 이 점에 대해서는 전 세계 인류가 공감하고 있을 것이다.

특히 미국인들은 식지 않는 분노로 인해 지금 전쟁 수준의 보복을 준비 중인데, 많은 희생을 치르는 전쟁도 불사할 태세이다. 군사력에 의한 전쟁 수준의 보복이 폭력과 테러의 악순환을 가져올지도 모른다는 우려가 적지 않지만 흥분된 미국인들과 지도자들은 귀를 기울이지 않는다. 어떤 희생을 치르더라도 철저히 응징하겠다는 의지를 보여주고 있다. 미국인들도 분명히 보복 전쟁이 더 큰 폭력과 희생을 가져오게 될지도 모른다는 사실을 잘 알고 있을 것이다.

그러나 무고한 민간인이 자살 테러로 인해 살해되었음에도 아무런 조치를 취하지 못한다면 미국민들은 얼마나 허탈할 것인가? 그래서 어떤 수준에서든 미국의 보복은 필연이라 할 수밖에 없다. 도저히 피할 수 없는 상황이라고 해야 할 것 같다. 이는 보복 전쟁의 옳고 그름을 떠나서 피할 수 없는 필연의 길처럼 보인다는 것이다. 비참한 결과를 충분히 예측하고 있으면서도 피하기 어려운 숙명 같은 상황에 미국 국민들과 지도자들은 몰려 있는 셈이다.

아마 전쟁 수준의 보복이 행해지지 않는다면 미국 국내는 아주 혼란스러워질 것이다. 5000명이 넘는 희생자를 초래한 테러의 책임을 누군가는 져야 하기 때문이다. 그 희생의 원인이 부시 정부와 역대 정권의 대외정책 실패로 인한 것이라고 규정한다면 큰 혼란이 미국 내에 야기될 것이기 때문에 밖으로 그 원인을 돌려야 하는데 불가피하게 테러의 주범이나 방조자에 대한 가혹한 보복으로 나설 수밖에 없게 되어있다.

모두들 불행한 결과를 예측하면서도 피할 수 없는 참으로 어려운 지경에 빠져 있는 것이 오늘의 미국 상황이다. 아프가니스탄은 악마의 제국으로 낙인찍혀 그 국민들은 불행하게도 미국 국민의 분노를 한 몸에 받아 처참한 지경에 빠지게 되었다. 그들은 또한 미국에 대한 분노와 원한을 뼛속에 사무치도록 간직하게 될 것이다. 복수와 보복의 악순환이 이미 시작된 것이다. 모두 알면서 피할 수 없는 운명에 직면해 있다. 모두가 멈추어 서서 차분히 현실을 생각하면서 평화로 복귀하려면 얼마나 큰 희생을 치러야 할 것인가?

뉴욕 세계무역센터에서 죽은 사람의 몇 배나 되는 인명의 손상이 있은 다음이라야 모두들 냉정해지고 진정으로 평화를 추구하게 될 것이다. 그때 가서야 평화의 소중함을 알게 될 것이고 한 때의 광기를 후회하게 될 것이다.

인류 역사는 개인의 자유를 확대하는 과정이었다. 사람에 의한 억압과 자연의 힘에 의한 불안, 전쟁의 공포로부터 자유로워지고 해방되는 과정이 인류의 역사였으며 진보였다. 지금도 인류는 어쩔 수 없는 전쟁의 공포에 불안을 느끼고 있다. 이를 이겨내고 평화를 한 걸음 전진시키는 것이 진보라고 할 수 있을 텐데, 한 걸음 진보하는데도 너무나 큰 희생이 뒤따른다. 어쩌면 지금은 상상하지 못하는 큰 희생의 소용돌이가 휘몰아칠지도 모른다.

그러나 결국에는 평화에 도달하게 될 것이다. 평화에 도달하기까지는 너무나 큰 희생이 요구되는 것이 인류의 불행인데, 이 희생을 최소화할 수는 있어도 완전히 없앨 수는 없다. 그것은 필연이다. 미국의 아프가니스탄에 대한 보복 공격이 눈앞에 있다. 인류가 숙명처럼 떠안은 불행을 보면서 안타까워할 뿐이다. 강자도 불행, 약자는 더 불행하다.

역사의 작은 전진도 반드시 그 대가를 요구하는 것 같다. 전쟁이 없는 평화를 얻기 위해서는 더 큰 대가를 치러야 하는 것 같다. 인류의 역사는 희생 속에 전진한다.

시민운동과 정당성

우리 사회에서 지난 10여 년 동안 시민운동과 시민단체의 영향력이 급속하게 성장했다. 권위주의 정권하에서는 이에 저항하던 민주화 운동의 흐름 속에 통합되어 있던 대부분의 사회운동이 우리 사회의 형식적 민주화가 진전되기 시작하면서 환경, 여성, 경제정의, 평화, 지역, 청년 등의 가치를 추구하는 다양한 형태의 시민운동으로 분화되어 큰 영향력을 발휘하고 있다.

중앙정부는 지방정부 정책의 수립과 집행과정에서 시민단체의 의견을 존중하게 되었고, 기성의 대의제도에 식상한 많은 시민들도 이들에게 새로운 참여의 희망과 기대를 가지게 된 것 또한 사실이다. 언론에 대해서 '제4부'라는 이름으로 그 권위와 영향력을 인정하는 것처럼 시민단체에 대해서도 '제5부'라 부를 정도로 우리 사회의 무시하지 못할 지위를 차지하게 되었다.

입법·사법·행정부가 가지는 권위는 법과 제도가 그 정당성을 부여하고 있고 언론이 가지는 권위는 자신들만이 가진 신속한 정보와 이의 전달을 통한 국민의 알권리를 보장한다는 데서 그 정당성을 인정한다고 할 수 있겠지만, 많지 않은 회원으로 구성되고 재정도 부실한 시민단체들이 지금 우리 사회에서 가지는 권위와 영향력은 그 정당성을 어디에서 찾을 수 있을지는 명백하지 않아 보인다.

하지만 법적·제도적 정당성도 없으며 전통이 주는 정당성도 없고 강력한 카리스마적 정당성도 뚜렷하지 않은 시민단체가 시민들 사이에 큰 영향력과 권위를 가지게 된 것은 무엇보다도 비록 눈에 보이는 수는 적지만 시민단체들의 주장이나 의견이 대체로 특정한 집단이나 지역, 계급·계층의 이익을 배타적으로 대변하지 않고 우리 사회의 공공선에 기초하고 있는 것으로 많은 시민들이 여기고 있기 때문이다.

특히 공공선에 기초한 주장이나 의견들이 전문적인 식견과 경험을 통해 제기되고 있다고 믿기 때문이기도 하다. 또한 한두 사람의 독단적인 주장이 아니라 관련분야의 전문가와 관심 있는 회원, 시민들의 의사를 민주적으로 수렴한 결과라고 생각하기 때문에 많은 시민들이 시민단체가 현재 가지고 있는 권위와 영향력을 인정하는 것이다.

반면, 2000년 총선연대 활동을 통해 시민단체의 상징적인 인물로 부각되었던 인물이 사회 통념을 벗어난 부도덕한 일에 연루되어 시민운동의 도덕성에 치명상을 입힌 사례를 통해 알 수 있는 것처럼 한두 사람이나 단체의 잘못과 실수가 지금까지 시민단체가 쌓아온 권위를 한꺼번에 잃어버리게 할 수 있을 정도로 아직 그 토대가 부실한 것도 사실이다.

시민단체가 자기 단체의 이기주의에 빠져 공공성을 잃어버리거나 한두 사람의 독단에 의해 주장과 의견이 결정되거나 단체의 책임자가 정직성과 도덕성을 의심받게 될 경우 토대가 부실한 시민단체는 시민들의 외면과 비난을 면치 못할 것이고 오히려 우리 사회의 빛과 소금이 아니라 새로운 개혁대상으로 전락하게 될 것이다.

우리 지역사회에서도 지난 10여 년 동안 어려운 여건에서 성장해 온 다양한 시민단체들이 활동하고 있는 가운데 불미스러운 사건이 종종 있었다. 이 때문에 최근에는 시민단체 모두가 시민들의 지탄을 받는 지경에 이른 감이 없지 않다. 시민단체들이 내부의 자기 정화 능력이 모자라 비판하고 견제, 감시해야 할 국가기관의 간섭을 초래하게 된다면 이는 분명 시민운동의 자기 정당성을 잃어버리는 부끄러운 일이 아닐 수 없다. 시민운동의 자기 정화 능력이 필요한 때이다.

제3의 힘

　해방 이후 지금까지 한국 사회를 주도적으로 이끌어 온 힘을 일반적으로 산업화 세력과 민주화 세력으로 나누는 경우가 많은데, 이러한 이분법은 오늘의 현실을 설명하는데 유효한 잣대가 되고 있지만 새롭게 성장하는 제3의 힘을 보지 못하는 한계도 가지고 있다. 5·16 군사정변 이후 우리 사회의 급속한 산업화, 경제의 양적인 고속성장을 추구하며 수천 년 가난의 악순환을 끊어낸 산업화 세력은 군부, 재벌, 관료를 주축으로 한 '개발 연대'였다. '잘살아보세', '할 수 있다'는 구호를 앞세우며 성장 일변도의 정책을 밀어붙여 수천 년 이어온 보릿고개는 넘을 수 있었으나 경제의 성장과 동시에 강해진 국민의 인권의식을 유린하고 정경유착, 부정부패, 계층간·지역간 격차 강화라는 부작용도 심각하게 초래하게 되었다.
　산업화 세력이 주도하던 개발시대의 한쪽에는 민주주의와 인권을 옹호하며 투쟁하던 야당 정치인, 재야, 청년학생, 노동자, 농민 중심의 민주화 세력이 있었으며 1987년 6월 민주항쟁을 계기로 두 세력 사이의 힘의 역전이 일어났으며 산업화 세력의 역할은 마감한 것 같았다.

  DJ, YS로 대표되던 민주화 세력은 문민정권을 탄생시키고 최초의 수평적 정권교체를 이루어 민주화를 진전시키고 개혁을 추진하였으나 경제정책의 실패, 지역주의의 한계로 인해 더 이상 희망과 기대를 주기에는 역부족인 것 같다. 생명을 다한 듯한 산업화 세력과 희망과 기대를 주지 못하는 민주화 세력은 서로 협력을 통한 공존을 모색하고 있으나 변화하는 시대에 부응하는 지도력을 만들어 내지는 못할 것으로 보인다. '3김 연대론'이니 '민주화·산업화 연대론' 같은 이름으로 등장하는 두 세력의 연대 움직임은 가능성은 낮아 보이지만, 가능하다고 하여도 두 세력이 우리 사회의 과제를 수행해 나가는 데는 어려움이 있어 보인다.

  지금 필요한 것은 정부 주도의 성장 위주 경제정책보다는 경제주체 각자의 자유롭고 창의적인 경제활동을 보장해 주는 것을 기본으로 하는 정부정책과 국가경제의 발전이 지역간·계층간 균형적으로 이루어질 수 있도록 경제활동의 기본 원칙, 질서를 유지하는 것을 그 임무로 삼는 정부와 장기적으로 민족 공동체를 복원해 가려는 민족적 염원을 모아내는 것과 민족구성원의 인권과 복지를 보장하면서 지속가능한 개발을 이룰 수 있는 생태적 관점을 유지하는 것이라 생각한다.

산업화 세력과 민주화 세력은 동시대에 성장해 온 힘으로서 이러한 과제를 실현하기에는 적임이 아니라고 생각한다. 산업화 세력이 힘을 얻고 역할을 하던 시기는 재벌을 앞장세워 전후방 연관 효과를 기대하면서 양적인 팽창을 추구하였고 그런 사고방식으로는 앞으로 변화하는 사회의 주도적인 역할을 할 수 없다. 민주화 세력 또한 부패는 모자라지 않고 능력은 모자라는 듯하여 이 시대를 주도해 나가기에는 역부족이 아닌가 한다. 그것은 문민정부와 국민의 정부 10년 세월이 웅변해 주고 있다고 생각한다.

그러면 어디에서 새로운 제3의 힘을 찾을 수 있을까? 나는 지역사회와 시민사회의 신세대에서 찾을 수 있다고 본다. 지역사회는 지방자치가 실시된 이후에 새로이 떠오르고 있는 상대적으로 자유로운 영역이면서 사람의 일상생활이 이루어지는 구체적인 공간이다. 이 생활공간에서 사람의 욕구가 발현되고 충족이 이루어진다. 행정적 요구와 서비스 제공이 이루어지는 현장이다. 행정에 대한 참여와 견제가 동시에 이루어지는 현장이 바로 지역사회인데 지방자치제도는 이러한 생활현장에서 새로운 힘을 키우고 있다. 바로 주민, 시민 스스로를 가장 큰 새로운 힘으로 키워나가고 있는 것이다. 지역사회 속에서 참여와 견제를 통해 직접 스스로를 다스릴 수 있는 역량을 키워나가고 있는 것이다. 그 힘을 결집해 전국을 변화시키고 중앙정부와 중앙 정치권을 변화시키고자 하는 시도들이 전국 각지에서 벌어지고 있다. 지역의 힘을 강화하고 지역의 자율적이고 창의적인 활동을 가로막는 법적 제도적 장애들은 모두 걷어내야 한다.

주민들의 자발적인 참여와 역량 강화를 그 고유한 목적으로 하는 사회운동이 지역사회에 시민운동이라는 이름으로 폭넓게 생성되고 있다. 그리고 그 속에는 기성의 질서에서 자유로운 젊은 신세대가 있다. 바로 지방자치 실시 이후 상대적으로 폭넓은 자율성을 지니게 된 지역사회, 그 가운데서 주민들의 참여를 조직하고 역량을 강화하고 있는 시민운동, 그 시민운동의 핵심 역량으로 자라고 있는 신세대들이 바로 제3의 힘이라고 생각한다. 아직은 그 힘이 미약해서 비웃을지 모르겠지만 앞으로 우리 사회를 변화시켜 나갈 동력으로 성장할 수 있는 것은 오직 이 제3의 힘밖에 없을 것 같다.

지역사회·시민운동·신세대가 중첩되는 곳에서 제3의 힘이 성장하고 있다. 제3의 힘은 자주적인 민족국가 형성에 대한 지향을 가지고 있으며 환경과 생태적 시각을 유지하면서 인권과 복지에 대한 믿음도 가지고 있는 활동가이기 때문에 이 시대의 과제를 담당할 만한 이념적 자질을 가지고 있다고 본다. 물론 현실적인 역량이나 전문적인 소양은 아직 부족한 점이 많이 있지만 그것은 시간과 노력이 보완해 줄 것이다.

제3의 힘! 이것이야말로 미래의 희망이 될 것이다.

선별적 복지에서 보편적 복지로

초등학교 3학년 때였다. 학교 운동장 구석에 학생 사오십 명 정도 줄을 맞춰 서 있었다. 나도 그중에 끼어 있었는데, 줄을 선 학생들에게 라면을 한 상자씩 나눠 주었다. 각 학급마다 형편이 어려운 학생을 한 명씩 따로 불러 모아서 불우이웃돕기 성금으로 구입한 라면을 나눠준 것이다. 그 자리에 모였던 일과 라면 상자를 들고 학교에서 집으로 오던 길에 대한 기억은 참으로 부끄럽고 수치스러웠다. 나만의 기억은 아니었다고 생각한다. 라면을 받아서 배부르게 먹은 기억은 전혀 없고, 단지 라면을 들고 집으로 오는 기억을 40여 년 지난 지금까지도 생생하게 기억하고 있다는 것은 많은 것을 생각하게 한다.

그런 기억 때문인지 요즘도 라이온스, 로타리 등의 봉사단체 행사장에서 이뤄지는 장학금 수여식 같은 행사를 볼 때마다 장학금을 받으러 온 중학생 정도 되는 학생들을 유심히 바라보곤 한다.

대부분 얼굴을 푹 숙이고 아무 말 없이 앉아 있다. 앉아 있는 그 자리가 얼마나 불편할까를 생각하면 지켜보는 내 얼굴이 화끈거릴 때가 많다. 굳이 형편이 어려운 학생들을 이렇게 많은 사람들 앞에 불러내서 장학금을 주는 이벤트를 할 필요가 있을까 하는 생각을 하게 된다. 그 학생들도 혹시나 장학금을 받아 어려움을 해결한 기억보다 나중에 여러 사람 앞에서 치부를 드러낸 것 같은 수치심을 가지게 되지나 않을까 걱정된다. 내가 행사를 주관한다면 결코 행사장에 형편이 어려운 학생들을 불러내서 장학금 수여식 같은 것을 하지 않을 것이다.

공동체의 구성원 중에서 형편이 어려운 사람이 있을 경우 공동체가 도와야 한다는 것은 자연의 이치처럼 당연한 일이다. 자비심에서라기보다 공동체의 유지와 발전을 위해 꼭 필요한 일이기 때문이기도 하고, 그것이 인간이 공동체를 구성한 근본 이유이기 때문이다. 마찬가지로 형편이 어려운 국민을 국가가 도와야 하는 것은 국가라는 공동체를 유지하고 발전시키기 위한 수단이기도 하고 국가의 기본 책무이기도 하다.

국가가 국방과 치안, 소방 같은 공공서비스를 국민 누구에게나 예외 없이 제공하는 것을 당연시한다. 마찬가지로 국민 누구나 절대 빈곤과 질병에서 벗어나게 하고 인간적인 삶을 누리기 위하여 최소한의 교육을 받을 수 있도록 기초생활, 의료, 교육 등의 공공서비스를 예외 없이 제공하는 것도 국가의 기본 책무이다. 기초생활, 의료, 교육의 어느 정도까지를 보장해야 하는가에 관해서는 국가의 형편에 따라 이견이 있을 수 있으나 최소한을 보편적으로 보장해 주는 것은 국가의 책무임이 분명하다. 국가의 형편에 따라 그 폭을 넓혀 나가야 한다. 그것이 국가의 발전이고 성장이라 할 수 있다.

지금까지 우리 사회는 형편이 어려운 일부만 특정해서 선별적으로 경제적 지원을 하는 방식으로 최소한의 기초생활과 의료, 교육을 국가가 보장해 왔다. 이제 우리나라의 경제수준이나 형편, 국민의식을 감안할 때 모든 국민에게 예외 없이 보장해 주는 보편적 지원으로 바꿀 때가 되었다. 일부만 선별해서 하는 지원은 시혜나 특혜일 뿐이었지만, 모두에게 예외 없이 보장해 주는 지원은 시혜나 특혜가 아니라 권리가 된다. 대한민국 국민이라면 누구나 예외 없이 최소한의 기초생활과 의료, 교육은 국가로부터 의무적으로 제공받아야 하고 이것은 국민의 기본권이 되어야 한다.

국가가 국민으로부터 세금을 거두는 이유는 그 세금이 특정인들에게만 혜택이 돌아가도록 하는 것이 아니라, 국민 모두에게 골고루 혜택이 돌아가도록 사용하는 데 있다. 수십 년 동안 대한민국은 전 국토에 걸쳐 SOC 사업에 많은 재정을 투입해 왔다. SOC가 특정계층이나 특정인만을 위한 시설이 아니기 때문에 이를 부정적으로 볼 필요는 없지만, 최근의 4대강 사업의 경우 그 혜택이 일부 대기업 건설사들 배만 불리게 하는 사업일 뿐이다. 보편성이 현저하게 떨어지는 재정 지출이라 할 수 있다. 이런 지출보다는 대한민국 국민이라면 부자든 가난한 사람이든 구분 없이 모두에게 보육과 교육을 국가에서 제공하는 사업에 예산 투자를 한다면 훨씬 효율성과 보편성이 높은 예산 지출이 된다.

가난한 국민에게 선별적으로 보육과 교육을 지원하고 남은 예산을 SOC에 투입하던 시절에는 그만한 사정이 있었다. 이제는 모든 국민에게 예외 없이 교육, 보육, 의료 등의 공공서비스를 국가가 제공하고, 나머지 예산을 SOC를 유지하고 보수하는 데 투자해야 한다. 이러한 재정 운영, 국가 운영방식이 더 경제적이고 효율적인 재정 투자이다.

선별적 복지냐 보편적 복지냐를 두고 논쟁이 벌어지고 있다. 이런 단순한 이분법은 소모적이다. 둘을 놓고 단번에 선택할 수 있는 것이 아니다. 선별적 복지를 할 수밖에 없는 상황에서 서서히 보편적 복지의 수준으로 확대해 나가야 할 때가 오고 있는 것이다. 무상급식, 무상보육, 무상의료 등의 무상 시리즈를 '공짜'라는 식으로 보는 것은 편협한 시각이다. 학교급식, 보육, 의료 문제는 국가가 국민에게 보장해야 할 최소한의 항목이고, 국민이 마땅히 누려야 할 권리를 확보해 나간다는 시각으로 봐야 한다. 개인이 국가라는 공동체를 만들고 국가가 부과하는 여러 가지 의무를 능력껏 다하는 이유가 바로 여기에 있다. 가난한 국민이 공동체로부터 시혜를 받는 것이 아니라 국민의 기본적 권리를 확장해 나간다는 시각으로 봐야 한다. 선별적 복지에서 보편적 복지로 나아가는 흐름은 누구도 거스를 수 없는 필연적 과정이다. 어느 수준의 복지가 우리 형편에서 가능한가를 따져야 할 뿐, 그 외의 논란은 쓸모없는 소모전일 뿐이다.

정치는 상상을 현실로 만드는 예술

 강도 없는 곳에 다리를 놓아 주겠다고 약속하는 사람들이 바로 정치인이라는 비아냥거림이 있을 정도로 정치인이란 식언을 함부로 일삼는 존재로 많은 사람들에게 비치고 있다. 선거 때마다 등장하는 장밋빛 공약은 사람들을 잠시나마 들뜨게 만들기도 하지만 정치에 대한 냉소와 허무를 조장하기도 한다. 선거만 끝나면 장밋빛 공약을 한 당사자도 그 약속을 잊어버리고, 속는 셈 치고 그런 약속을 믿었던 사람들조차도 시간이 가면서 잊어버리고 만다. 정치에 대한 기대치가 점점 낮아지는 것도 이런 사정과 무관하지 않다. 지금 성년이 된 사람들이 어린 시절만 해도 커서 무엇이 되고 싶으냐고 물으면 대통령, 국회의원 등 정치인이 되겠다는 사람들이 적지 않았지만, 지금은 정치인이 되겠다는 어린이들이 거의 없을 정도로 정치인이란 선망의 대상이나 미래의 희망과는 거리가 멀다.

정치란 그저 속고 속이는 그 무엇이고 어딘가 음침한 냄새가 나는, 가까이하기 싫은 영역으로 비치기만 한다. 하지만 온통 부정적으로만 비치고 정치 뉴스만 없으면 세상이 더 밝아질 것만 같아도 정치 없는 세상을 상상하기 어려운 것은 어째서일까.

오래된 일이지만 지방선거에서 서울시장에 출마한 두 후보는 청계천 복원이 가능한가를 두고 열띤 공방을 벌였다. 썩은 하천을 감추려고 복개를 하고 그 위에 고가도로까지 만들어서 많은 차량이 다니고 인근에 상인들이 오래 장사를 하고 있기 때문에 복원공사가 불가능하다는 주장과 청계천을 복원해서 맑은 물이 흐르는 시민휴식공간으로 다시 만들겠다는 장밋빛 공약이 충돌했지만 세월이 꽤 흐른 지금 허무맹랑하고 불가능해 보였던 청계천 복원은 성공하였고 청계천 복원 약속이 허무맹랑한 것이 아니었다는 사실을 알게 되었다. 상상만 했던 일이 정치를 통해 현실로 바뀐 것이다.

벌써 20여 년 전에 국회의원 선거 때 포항 앞바다에 새로운 항만시설을 만들어 포항을 동북아의 물류 중심도시로 만들자는 구상이 시민들 앞에 제시되었을 때 많은 사람들이 이를 비현실적인 것으로 여겼고 선거 때마다 등장하는 허황한 공약쯤으로 취급하였지만 지금은 그 공약이 조금씩 눈앞에 현실로 나타나고 있다. 물론 그 구상처럼 포항이 동북아 물류중심도시로 성장하게 될지는 장담하기 이르지만 신항만 구상이 처음 등장했을 때보다는 훨씬 더 현실로 다가온 것은 사실이다. 이처럼 정치는 상상을 현실로 만드는 예술이라고 할 수 있다.

꿈이 꿈으로만 끝나고 상상이 현실이 되지 못하고 상상으로 머물 때 그것은 거짓이 되어버린다. 정치가 냉소와 비아냥거림의 대상으로 전락해 버린 것은 바로 상상이 상상으로만 머물러 있기 때문이기도 하지만 더욱 중요한 것은 날이 갈수록 우리 정치에서 상상력이 빈곤해지기 때문이기도 하다. 대중의 꿈과 희망을 잘 반영해 작동한 상상력은 현실이 될 수 있다. 하지만 대중의 꿈과 희망을 반영하는 상상력을 발휘하기보다는 노골적인 권력 싸움, 주도권 다툼으로 싸움의 기술만 키워가는 상상력이 빈곤한 정치는 대중의 절망과 외면을 가져올 뿐이다.

이제 곧 국회의원 선거와 대통령 선거가 막을 올린다. 예비후보 등록을 하고 예비후보들의 목소리가 힘을 얻게 된다. 제발 상대방을 향한 험담이나 비방을 앞세우는 네거티브 선거운동은 사라졌으면 좋겠다. 오로지 상대방을 비난하기만 하는 선거운동은 대중의 정서나 꿈과 희망을 제대로 읽을 수 있는 능력이 모자라는 후보들이 주로 사용하는 방식이다. 지역의 미래를 향한 비전의 대결, 지역 현안을 놓고 벌이는 정책대결, 비록 좁은 지역에서 하는 선거지만 무한한 상상력이 펼쳐지는 흥미진진한 상상력의 대결이 되었으면 한다.

허허벌판 모래사장에 우뚝 솟은 제철소는 조국의 근대화를 이루려 했던 선각자의 상상력의 산물이다. 썩은 하천을 감추기 위해 복개하고 늘어나는 교통량을 흡수하려고 고가도로까지 만들었던 청계천이 시민의 품으로 다시 돌아온 것도 정치적 상상력의 힘이다. 선거라는 경쟁의 공간에서 송도해수욕장 백사장이 복원되고, 동빈내항이 맑게 살아나고, 시내버스가 시민의 발 노릇을 하고, 노인과 장애인, 아이들이 마음 놓고 살 수 있는 지역사회가 만들어지는 그런 상상력이 활짝 꽃을 피웠으면 좋겠다. 욕설과 비난과 줄 서기 정치가 아니라 어렵고 힘든 현실을 뛰어넘는 상상력의 정치를 한번 해보고 싶다.

제도가 문제다

2004년 4·15 총선 결과 대구경북에서 한나라당 소속 이외의 국회의원이 단 한 사람도 당선되지 못한 것을 두고 '망국적 지역주의'를 규탄하는 목소리가 한동안 높았다. 그러는 한편에서는 호남도 마찬가지 아니냐며 변명과 위안을 하는 소리도 적지 않았다. 우리나라 선거에서 지역주의 문제는 어제오늘의 문제가 아니고 누구나 그 극복을 말하지만, 은근히 지역주의를 이용하는 세력도 있다. 정치 현상을 설명하거나 선거를 기획할 때면 지역주의를 가장 중요한 변수로 생각하며 당연시한다. 정치적 지역주의를 극복하기 위해서 민간단체에서는 영호남 교류사업을 하는가 하면, 정당에서는 동진정책이다 영남특위다 하면서 노력하지만, 별무 효과인 듯하다. 특히 선거에서 지역주의는 대부분의 정치세력이 노골적으로 또는 은근히 활용하고 있기 때문에 그 극복이 더욱 어려워 보인다.

선거 때마다 특정 지역을 한 정당이 독점하는 지역주의를 어떻게 봐야 하고 어떻게 극복할 수 있을까. 2004년 4·15 총선에서 한나라당은 대구경북에서 거의 전 선거구를 석권했다. 하지만 그 내용을 자세히 살펴보면 달리 볼 수 있는 여지가 있다. 경북지역에서 평균 정당 지지율이 한나라당 58퍼센트, 열린우리당 23퍼센트, 민주노동당 12퍼센트로 나타났고, 대구지역은 한나라당 62퍼센트, 열린우리당 22.3퍼센트, 민주노동당 11.6퍼센트로 나타났다. 하지만 한나라당은 27개 선거구 가운데 26개 의석을 차지했다.

정당별 득표율을 자세히 보면 한나라당이 대구경북에서 압도적인 지지를 받고 있다는 사실이 문제라기보다 한나라당은 자신들이 받은 비율 이상의 의석을 차지하고 있는 반면 다른 정당들은 자신들의 득표율에 훨씬 미치지 못하는 의석을 차지한다는 점이 문제라는 것이 명확해진다. 경북에서 한나라당은 58퍼센트의 득표로 92퍼센트의 의석을 차지하였고 대구에서 62퍼센트의 득표로 100퍼센트 의석을 차지하였다. 17대 총선에서 이러한 현상은 호남이나 충청지역에서 정반대로 나타나고 있다.

뒤집어 이야기하면 대구경북에서 열린우리당과 민주노동당을 지지했던 35퍼센트 정도의 유권자들은 자신들의 정치적 대표를 국회에서 가지지 못하게 된다는 사실인데, 바로 이 점이 지역주의 문제의 핵심이라고 할 수 있다. 대구경북에서 한나라당이 다른 정당에 비해 압도적인 지지를 받고 있다는 사실보다 35퍼센트 정도의 유권자들이 자신들의 정치적 대변자를 가지지 못했다는 사실이 더 큰 문제인 것이다.

이러한 문제는 소선거구제라는 현재의 선거제도에서 기인하는 바가 크다. 우리 선거제도가 현행과 달리 중대선거구를 채택하고 있거나 비례대표제도를 강화한다면 대구경북에서 특정 정당의 싹쓸이 현상은 나타나지 않았을 것이고, 다른 지역에서도 마찬가지일 것이다. 그러면 정당들도 지역주의 정당이라는 오명을 뒤집어쓰지 않게 될 것이다. 지역주의 망령 운운하면서 덮어놓고 대구경북 지역민 전체를 '수구꼴통'으로 몰아붙이는 단순한 반응을 보이기보다 이러한 결과를 초래한 제도를 바꿔야 한다. 지역에 따른 정당 선호도의 차이가 뚜렷한 상황에서 소선거구 제도를 채택한 것은 '3김'으로 대표되는 지역주의 지도자의 정치적 이익을 보장하는 제도로 작용했다.

현재 우리가 직면하고 있는 지역주의 문제는 상당부분이 바로 선거제도의 문제임에도, 덮어놓고 특정 정당과 지역을 비난해서는 극복하기가 어렵다. 지역주의는 제도의 문제임을 분명히 한 후에 극복 방안을 논의해야 한다. 그런 면에서 중앙선거관리위원회가 제안한 석패율 제도는 아쉽지만 매우 현실적인 대안이 될 수 있다. 늦었지만 지역주의 문제를 제도 개편으로 접근하려는 중앙선관위의 자세가 매우 바람직하다고 여겨진다.

풀뿌리 정책정당

지역사회에서 정당이라 하면 선거철마다 후보를 공천하고 선거운동을 하는 조직쯤으로 생각한다. 평상시에는 무엇을 하는지 잘 알 수 없고 선거철만 되면 호떡집에 불난 것 활동하다가 선거가 끝나면 다시 조용해지는 모습을 보여준다. 정당에 소속되어 활동하는 지역의 당원들도 보통의 시민들에게는 거리감이 느껴지는 경우가 많았다. 그만큼 정당이란 보통사람들의 일상생활과는 거리가 먼 단체로 여겨지고 있다. 누구나 편하게 참여할 수 있는 조직으로 여겨지지 않는 집단으로 평가된다.

게다가 정당은 온갖 비난과 화풀이의 대상으로 전락해 어느 누구도 선뜻 참여하기가 꺼려지는 분위기다. 정당이 보통사람들로부터 계속 외면당하고 있지만, 선거 때마다 후보를 공천하고 공약을 제시하고 국정운영을 책임지거나 이를 또 비판하고 견제하는 기능을 하기 때문에 우리 사회에서 그 역할은 평판과 관계없이 여전히 중요하며 오히려 더 커지고 있다.

　정당의 공천대상이 아니었던 시·군의 기초의원조차 정당이 공천을 하게 되어 지방의회와 자치단체 운영과정에서 떠맡게 될 지역 정당의 책임 또한 더욱 무거워질 수밖에 없다. 자신들이 공천한 시·군 의원들이 선거에 출마할 때 약속을 실천하는지를 꾸준히 확인해야 하고, 지역 현안에 대한 정당의 입장을 사전에 조정도 하여 지방의회가 원만하게 운영될 수 있도록 지원하는 기능도 하지 않으면 안 된다.

　정당의 정강정책이 지역사회에서 구현될 수 있도록 지방의원들의 정책 역량을 높이는 활동도 해야 한다. 의정활동에 대한 평가도 철저히 해 다음 선거에서 공천을 할 것인지 여부를 결정할 자료로 삼아야 한다. 지역의 정당들에게 요구되는 기능과 역할이 앞으로 크게 달라질 수밖에 없다.

　평상시에는 국회의원 선거를 위한 조직 관리만 하고 선거 때는 선거운동만 하던 것으로부터 완전히 탈피해 일상적인 정책 활동을 하지 않을 수 없게 된 것이다. 자신들이 공천한 시·군 의원들이 제대로 된 의정활동을 할 수 있도록 끊임없이 지원하지 않는다면 정당 공천의 의미는 사라진다. 지역의 정당들이 조직 중심 활동에서 정책 중심 활동으로 그 기능을 전환해야 하고 이를 뒷받침할 제도를 도입해야 한다. 정당의 지역 조직들이 공천권만 가지고 지방의원들을 자신의 하수인으로 만들었다는 비난을 피하기 위해서라도 지방의원들이 제대로 활동할 수 있도록 지원하는 정책 역량을 강화해야 한다.

지방조직부터 정책정당으로 거듭나야 할 때다. 현재의 각 정당은 주민생활과 밀접한 관련이 있는 시·군·구 단위의 조직은 거의 없고 시·도 단위의 광역 중심 활동만 하고 있는데, 앞으로 이를 시·군·구 중심활동으로 바로잡아 나가야 한다. 17대 총선 직전 개정한 정당법은 풀뿌리 조직이라 할 수 있는 지구당을 폐지하고, 시·도당 중심으로 활동 중심을 바꿔 버렸다. 국회의원이 없는 정당의 경우에 주민들과 일상적인 접촉을 할 수 있는 통로가 사라져 버렸고, 특히나 지방선거를 앞두고 기초의원까지 공천해야 하고 의정활동을 지원해야 할 상황에서는 그 활동이 더욱 어려워졌다.

시·도당 중심의 소위 분권형 정당에서 시·군 단위 중심의 풀뿌리 정당으로 그 성격을 전환해야 한다. 법률적으로나 정치적으로 이를 뒷받침하지 못한다면 정당들은 무책임에 대한 비난을 면하기 어렵게 될 것이다. 중앙당의 기능 중에서도 시·군 조직의 정책활동을 지원하는 기능을 대폭 강화해야 한다. 국고보조금, 당비를 시·군 단위 정당조직에 지원할 수 있도록 제도화해야 한다.

시·군의원에 대한 공천제도가 도입됨으로써 우리나라 정당의 지역조직은 전에 겪어보지 못한 새로운 환경에 처하게 됐지만, 정당의 역할이 새로워질 수 없는 상태에 있다. 선거 시기에만 하던 선거운동이 아니라 일상적인 정책활동과 조직활동을 전개함으로써 새로운 정당문화를 개척하고 이를 정착시켜야 한다. 정당활동이 지역주민들의 일상생활에 더 다가갈 수 있도록 다양한 프로그램을 만들고 실천해야 한다. 주민생활과 유리된 선거용 정당활동만 하라고 국고에서 그렇게 많은 정치자금을 정당에 지원하고 또 지방의원을 유급화하는 것은 아닐 것이다.

더 많은 선거 공영제를 실시하고 지방의원을 유급화해 엄청난 세금을 쏟아 넣는 것은 지방에서부터 보다 생산적인 정치활동을 하라는 국민적 요구로 봐야 한다. 이제 우리나라 정당의 지역조직들이 지향해야 할 방향은 명확해졌다. 선거를 위한 조직 활동 중심에서 일상적인 주민생활과 관련된 정책 중심 활동으로 무게 중심을 옮겨야 한다. '풀뿌리 정책정당'의 방향이야말로 우리 정당들이 택해야 할 바람직한 방향이다.

지역주의는 기득권의 이데올로기

 몇 차례 선거를 겪으면서 지역주의에 기반을 둔 한나라당 독점 구도는 강력한 기득권 수호체제라는 것을 알게 되었다. 막연하게 지역 이익의 대변자처럼 행동하면서 실제로는 철저하게 기득권 옹호 역할을 하는 위선적인 체제가 바로 지역주의라는 걸 깨달았다. 한나라당이 계속 지역정치를 독점했지만, 심지어 포항 출신의 대통령을 만들기까지 했지만 그 덕에 포항은 조금도 나아지지 않았다.

 극히 일부 사람에게만 공직 배분에 참여할 기회가 주어졌을 뿐 지역사회 일반에 특별한 도움이나 지원은 없었다. 예산 국회 때마다 '형님 예산' 논란이 벌어져 포항에 정부 예산이 엄청나게 쏟아지는 줄 아는 사람이 많지만, MB와 한나라당을 고립시키려는 정치공세의 성격이 강했을 뿐이고, 실제 눈에 띄는 예산 지원이 있었던 것은 아니었다. 고향 출신 대통령이나 우리 지역 이익을 대변한다는 정당이 집권할 경우 지역민들의 삶에 큰 도움이 되리라 생각했지만, 착각이었다. 오히려 퇴행이 있었을 뿐이었다.

어느 정권에서나 경기가 과거에 비해 어려운 것은 매한가지였다. 국민의 정부에서는 기초생활보장법이 시행돼 어려운 서민들을 제도적으로 도와주기 시작했고, 참여정부 때 노령연금이 지급되기 시작하는 등 서민생활에 실질적인 도움이 되는 복지정책이 확대되었다. 한나라당은 집권하자마자 '부자 감세'를 하더니 야당이 주장하는 무상급식에 완강하게 반대함으로써 서민들의 요구에 반하는 정책을 서슴없이 취하기 시작했다.

전국의 모든 지방자치단체에서 무상급식을 확대하고 있지만 한나라당이 독점하고 있는 우리 지역만 무상급식과는 거리가 멀다. 지역사회 비주류 위치에서 아무리 소리쳐도 귀담아 듣지 않던 사람들도 MB정권을 거치면서 경험으로 깨닫기 시작하는 것 같다. '우리 지역을 대변하는 정당'이라는 수사가 얼마나 허구에 가득 찬 위선인가, 그렇게 당선되고 집권해서 실제 추진한 정책이 얼마나 반서민적이었는가를 깨닫기 시작했다. 4대강 사업이 자기발전과 지역 경제에 도움이 된다고 크게 환영했지만, 이 사업의 진행은 재벌 건설사에게 일감과 돈을 나눠주는 효과만 있을 뿐이고 서민 일자리 창출 효과는 없었다. 막대한 예산을 4대강 사업에 투입하고 나니 복지정책 확대는 불가능하고 서민경제와 관련된 분야에 투입할 예산은 턱없이 부족해지게 되었다. 4대강 사업이 누구를 위한 사업인지 눈으로 확인할 수 있게 되었다. 경제를 살리고 서민을 위한다는 약속이 얼마나 모순이고 거짓에 가득 찬 것이었던가를 MB는 우리 지역 서민들로 하여금 냉혹하게 깨닫게 해주었다.

반값 등록금 공약도 힘들고 어렵게 대학을 다녔다는 MB가 주장했기에 믿었지만, 그 믿음이 얼마나 순진한 착각이었던가를 깨닫는 데는 그리 긴 시간이 필요하지 않았다. 흔들리지 않을 것만 같아 보이던 지역주의가 흔들리고 있다. 맹목적인 '묻지마 투표'에 올인하던 지역민들이 달라지고 있다. 지역 이익이라는 막연한 말 속에는 서민들의 요구와 각성을 마비시키는 속임수가 스며있음을 서서히 깨닫고 있다. 지역주의는 서민들이 자기 이익을 자각할 수 없도록 만드는 철두철미한 기득권 이데올로기임이 드러나고 있다. 참으로 허물기 어려웠던 지역주의 벽을 아이러니하게도 그 덕을 가장 크게 받아 대통령이 되었던 MB가 결정적으로 허물고 있다.

'한나라당은 경상도당, 민주당은 전라도당'이라는 등식 속에 숨어 있던 기득권 이데올로기는 대한민국 정치 발전의 장애물이다. 변화를 바라는 모든 정치세력 공통의 장애물로 함께 우선적으로 허물어야 한다. 지금은 야당이 선명한 서민정책을 제시함으로써 정당이 지역 이익을 주로 대변하는 것이 아니라, 계층 이익을 대변할 수밖에 없음을 보여주어야 한다. 야당의 주장이 줄기차게 서민의 이익을 대변하고 지키고자 한다는 점을 확인받아야 할 때다. 야당도 지역과 국가를 책임질 역량이 있음을 보여주고 인정받아야 한다.

변화는 모르는 사이에 서서히 우리를 감싸고 있다. 지역주의에 갇혀 변화를 모르던 이 지역에 변화의 기류가 형성되기 시작할 때 쐐기를 박는 일이 필요하다. 정치권에서 논의되던 석패율 제도가 현실화되기 직전에 있다. 일부에서 논란은 있으나 지역주의에 대한 정치적 대응으로서 석패율만 한 제도가 없음은 분명하다. 어떤 논란이 있더라도 이를 관철시키고 지역주의 철옹성에 파열구를 내야 한다.

지역주의는 철저한 기득권 옹호의 이데올로기일 뿐이다. 이를 깨기 위한 어떤 실천도 가장 개혁적인 일이다.

독도 분쟁의 해법

　일본 국회의원 3명이 울릉도를 방문하기 위해 우리나라에 입국해 울릉도를 방문하려다 공항에서 되돌아갔다. 독도 영유권 주장을 하고 독도 문제를 부각하기 위한 행동이었다. 정부에서 입국을 불허해 김포공항에서 되돌아갔지만, 자신들의 목적은 충분히 달성한 셈이다. 한일 양국에서 이 문제를 크게 부각해 관심을 촉발할 수 있었기 때문이다.

　독도를 둘러싼 한국과 일본의 갈등이 어제오늘의 일이 아니기 때문에 새삼스러운 일이 아닐 수도 있다. 교과서 왜곡이나 독도에 대해 잊을 만하면 망언을 쏟아내는 일본 우익들의 행태는 앞으로도 계속 되풀이될 것이다. 결론을 낼 수 없는 갈등이 내부적인 필요에 의해 쌍방 간에 끊임없이 조성되거나 증폭될 수 있다. 문제의 해결이 중요하지 않고, 문제제기 자체에 의미부여를 하며 이를 활용하려고 하기 때문이다. 앞으로도 이러한 일본의 도발이 되풀이될 것으로 보고 우리의 대응도 이뤄져야 한다.

　이번 일본 국회의원들의 방문에 대한 대응도 마찬가지지만 일본의 도발에 대한 대응은 너무 단편적이다. 정부는 분쟁이 커지는 것을 막기 위해 시종일관 무대응을 기조로 해왔고, 일부 보수단체는 과잉반응을 함으로써 자신들의 존재감을 부각할 소재로 활용해왔다. 오지도 못한 일본 국회의원들에게 물러가라고 항구에서 데모를 하고 공항에서 시위를 하거나 성명을 발표하는 정도가 전부였다. 이재오 장관은 독도에서 보초를 서는 이벤트를 벌였다. 독도에 대한 실효적 지배를 강화하기 위해 군대를 주둔시키자는 주장도 있었다. 군대를 주둔시키든지 보초를 강화하든지 영유권이나 실효적 지배를 강화하기 위한 방편일 뿐이고 분쟁을 끝낼 정도는 못 된다.

　이런 반응은 너무 단편적이다. 필요 없는 일이거나, 잘못된 반응은 아니지만 부족하다. 영유권 분쟁 수준일 뿐이고 분쟁을 지속시킬 뿐이다. 실효적 지배를 강화하는 한편, 국가의 과감한 해양정책의 비전을 제시하면서 울릉도·독도를 그 중심에 자리매김할 필요가 있다. 앞으로 바다는 새로운 자원의 보고로 각광받게 될 것이다. 자원이 부족한 우리나라는 해양자원 개발사업에서 선두주자가 되기 위한 투자를 과감하게 해야 한다. 지구의 2/3가 바다로 둘러싸여 있고 육지의 자원은 고갈되고 있기 때문에 해양자원을 개발하고 인류생활에 활용할 수밖에 없는 시대로 가고 있다.

이 흐름에서 대한민국은 선두주자로 나서야 한다.

자원, 신에너지, 수산업, 조선, 해상안보 분야의 새로운 과제를 집약하는 해양 강국의 비전을 만들어 선포하고, 울릉도·독도를 그 중심에 놓고 강력한 추진과 과감한 투자를 다짐해야 한다. 한국, 북한, 중국, 러시아, 일본이 둘러싸고 있는 동해를 번영의 바다, 동양의 지중해로 만들기 위한 비전을 함께 제시하고 울릉도·독도를 그 중심에 세워야 한다. 울릉도·독도 문제를 물리력으로 해결하려 하지 말고 새로운 차원으로 끌어올려 우리 영토임을 기정사실화한 상태에서 더 큰 비전을 수립하고 실천할 때 분쟁은 우리가 유리한 방향에서 해소될 수 있다. 지금 같은 도발과 대응의 반복은 약간씩 서로의 내부 필요를 충족시키는 수준에서 현상유지만 하게 될 뿐이다.

삼면이 바다로 둘러싸인 섬나라나 마찬가지인 대한민국은 세계 최고의 조선산업을 보유하고 있다. 해양 강국으로 도약할 수 있는 튼튼한 바탕을 가지고 있는 셈이다. 후발 산업국으로 시작했지만 최고의 산업국가, 공업국가로 도약할 수 있었던 대한민국이 해양개발 산업에는 선두가 될 수 있다. 동양의 지중해, 번영의 바다로 동북아 교역의 중심이 될 수도 있는 동해가 남북의 대결과 갈등으로 분쟁의 바다가 되고 있다. 남북이 군사적 긴장과 대결을 완화하고 교류를 활성화하면 중국, 러시아, 일본과의 교역이 동해를 통해 활발하게 이루어지고, 이럴 때 동해는 평화와 번영의 바다가 된다. 평화와 번영의 바다 한가운데 울릉도·독도가 있게 되는 것이다.

울릉도·독도를 대한민국 해양 강국 비전의 중심에 세워야 하고 평화와 번영의 바다 한가운데서 빛나게 해야 한다. 독도 분쟁을 새로운 차원으로 끌어올려 위기를 기회로 만드는 지혜를 펼쳐 보이자.

송림을 시민에게

 '송림'이라는 단어를 국어사전에서 찾아보면 '솔숲'이라는 의미의 보통명사다. 하지만 대부분의 포항사람은 '송림'이라는 단어를 단순한 보통명사가 아니라 송도해수욕장과 동빈내항 사이에 남북으로 길게 자리 잡은 해송군(海松群)을 지칭하는 고유명사로 이해한다.

 일제강점기에 일본인들이 방풍, 방사를 목적으로 조성한 송림은 1980년대 초까지만 해도 동해안 최대의 명사십리 백사장을 자랑하던 송도해수욕장과 함께 시민들에게 피서와 휴식을 제공해왔다. 초등학교를 포항에서 다녔던 사람이라면 누구나 한번쯤 봄가을 소풍을 송림으로 가서 즐겁게 놀던 기억을 갖고 있을 정도로 송림은 포항시민들의 생활 속에 깊숙이 자리잡고 있다. 하지만 포항제철이 들어서면서 형산강의 물길이 바뀌고 대규모 바다 모래 준설작업이 진행되면서 유실되기 시작한 백사장과 함께 송림도

시민들의 생활권으로부터 멀어져 황폐화되었지만 최근 변화의 계기를 맞고 있다.

오랫동안 유실된 백사장에 대한 책임 규명이 없다가 최근 송도 주민들을 중심으로 원인 규명과 피해보상 요구가 있었고, 이에 따라 포항시, 포항제철, 시민단체 등이 합의해 송도 백사장 유실 원인과 복구 방안, 피해 보상액 산정을 위한 용역을 하기로 했으며 그 결과에 따라 송도해수욕장 백사장과 송림은 새로운 모습이 될 것으로 기대할 수 있게 되었다. 이것은 백사장 모래 유실의 책임이 객관적으로 입증된다면 그 피해에 대해 보상하겠다는 당연하면서도 전향적인 입장을 수용한 포항제철의 결단이 있었기에 가능했다.

이 과정에서 분명히 해야 할 것이 있다. 송도해수욕장 백사장이 송도동 상인들에게 영업의 주된 터전이었다고 한다면 대다수 포항시민에게는 천혜의 피서, 휴식 공간이었다. 따라서 백사장 모래 유실로 인한 영업상의 피해에 대한 보상이 있어야 한다면 피서·휴식 공간을 잃게 된 대다수 포항시민에 대한 보상 또한 있어야 한다는 것은 당연한 논리적 귀결이 될 것이다. 또한 상인들에 대한 보상이 영업상의 피해를 계량하여 보상금을 지급함으로써 가능하다면 시민들에 대한 보상은 잃어버린 천혜의 피서·휴식공간을 원형 그대로 복원함으로써 가능할 수 있겠다. 하지만 송도해수욕장을 과거의 모습 그대로 복원한다는 것이 포항제철이 있는 한 불가능한 일이므로 다른 방식의 보상이 필요한데 그 방법은 최근 합의된 용역으로 수립될 송도종합개발계획의 집행에 필요한 사업비를 포항제철이 분담하는 방식이 타당하다고 본다.

용역으로 수립될 송도종합개발계획의 핵심은 바로 송림을 중심으로 한 도심 인근 시민휴식공간 조성이 될 수밖에 없는데, 해수욕장의 기능을 완전히 복원할 수 없다면 송림을 적극적으로 활용하는 방법으로 종합개발이 이루어져야 할 것이며 여기에 가해자인 포항제철의 보상 차원의 투자가 이루어지는 것이 바람직할 것이다.

더구나 육거리에서 송도로 이어지는 교량이 완공되면 도심과 송림의 거리는 걸어서 10분에 불과할 정도로 가까워지므로 시민들이 합심하여 잘 가꾸기만 한다면 송림은 과거와 같이 시민들에게 피서와 휴식을 제공하는 아름다운 공간으로 되살아나게 될 것이다. 이를 가능하게 하려면 송도 백사장 유실의 책임을 규명하는 과정에서 영업상의 피해를 산정하는 일뿐만 아니라 시민들의 피서·휴식 공간상실에 대한 보상도 적극적으로 제기해야 하고 포항제철은 이를 수용해야 할 것이다. 도마뱀 꼬리 자르듯이 상인들의 영업 피해 보상만으로 송도 백사장 훼손의 책임을 면하려 해서는 안될 것이다.

포항시에서도 송림을 훼손하고 있는 불법·무허가 건축물, 쓰레기 불법 투기, 소나무 훼손을 방지하는 노력과 함께 시민들이 쉽게 접근할 수 있는 시설을 갖추도록 해야 할 것이고, 시민사회단체에서는 정책적인 접근도 필요하겠지만 시민들이 송림에 한 그루의 소나무라도 심고 가꿀 수 있는 참여 캠페인을 전개해 시민들 스스로 가꾸고 활용하는 송림이 될 수 있도록 힘써야 할 것이다.

시청 이전, 원점에서 생각하자

최근 대잠지구 택지 분양율이 예상보다 저조하자 분양율을 높이기 위해서 포항시는 청사 이전계획의 집행을 서두르고 있다. 1998년 12월 18일 시청 이전에 관한 시의회의 의사를 결정해 달라는 시장의 요구에 따라 대잠지구 내 공용청사 부지를 포항시청사 이전 건립부지로 할 것을 시의회에서 결의함으로써 대잠지구로의 시청 이전은 기정사실이 되었다. 이에 따라 1472억 원이 소요되는 신청사 건립계획을 용역을 통해 수립하였으며 기본설계 용역이 끝나는 대로 조속한 착공을 준비하고 있다.

그러나 1998년 12월 시의회에서 대잠지구를 신청사 건립부지로 선정하는 과정과 그동안의 상황 변화를 고려해 볼 때 시청 이전 문제는 원점에서 다시 검토할 필요가 있다고 본다. 우선, 시청 건립부지를 대잠지구로 결정한 것은 포항제철 신사옥의 대잠지구 입주를 전제로 이루어진 일이었다. 이것은 당시 의회의 속기록을 살펴보면 분명한데, 그 후 포항제철은 신사옥 건립을 백지화했고 대신 테크노파크 조성에 부지와 현금 100억 원을 제공하기로 했다. 이는 시청 이전 결정 당시와 비교하면 매우 큰 상황의 변화라 아니할 수 없다.

둘째, 시의회는 부지 선정 결의안 제안 이유에서도 스스로 밝히고 있는 바와 같이 여론수렴과정을 거쳐 결정한다고 했지만 과연 충분한 여론수렴과정이 있었던가에 대해 큰 의문을 가지지 않을 수 없다. 지방행정의 중추인 시청의 이전 문제를 다루는 과정에서 의회가 그 흔한 공청회조차 한 번 열지 않고 의회 내부의 토론만으로 결정한 것은 너무나 성급했으며 그렇게 하기에는 시청 이전이 시민생활에 미치는 사회·경제적 파급효과가 너무 크다. 시청을 중심으로 형성된 기존의 경제관계, 이해관계, 시민정서 등에 대한 고려 없이 당위론적인 이전 필요성만을 근거로 의회에서 시청 이전 문제를 결정한 것은 그 과정에 큰 문제가 있다고 할 수밖에 없다.

셋째, 1472억 원이라는 돈은 포항시 1년 예산의 3분의 1에 해당하고 4~5년 동안의 가용 재원을 모두 합친 만큼의 매우 큰 예산인데, 과연 이 정도의 예산을 투자할 정도로 신청사 건립이 중요하고 시급한 문제인가 하는 점이다. 민주주의 선진국이라고 하는 영국의 경우 국회의원은 651명인데 좌석수는 476석밖에 안될 정도로 의사당이 좁다고 한다. 그렇다고 영국 국회가 제 기능을 다하지 못한다는 얘기를 들어 본 적이 없다. 양질의 행정 서비스는 결코 청사의 규모와 비례하지 않는 것이다.

넷째, 대잠지구가 시청 이전 부지로 적지인가에 대한 시민적 합의가 형성되지 않았을 뿐만 아니라 최근에는 본말이 전도되어 마치 대잠지구 택지 분양을 위해 시청 이전 문제가 활용되고 있는 듯한 인상을 지울 수 없다.

최근 의약분업 시행과정에서 보는 바와 같이 국민적 합의가 형성되지 않은 당위론적인 정책을 성급하게 추진하다가 국민 부담만 가중되고 보험재정이 파탄을 맞고 있어도 돌이키기 어려운 상황을 맞게 된 사례나, 이미 1조 원 이상의 예산이 투입된 상태에서 강한 반대에 부딪혀 있는 새만금 간척사업의 사례를 통해서 알 수 있듯이 충분한 여론수렴 없이 성급하게 추진된 정책은 자칫하면 막대한 예산만 낭비한 채 표류하게 될 수도 있다.

그동안 포항제철 신사옥 백지화 같은 작지 않은 상황의 변화가 있었을 뿐 아니라 결정 과정에서 나타난 여론수렴 미흡, 이전 필요성에 대한 이견을 고려해 볼 때 아직 착공을 하지 않은 이 시점이야말로 시청 이전 문제를 원점에서 다시 검토해 볼 수 있는 적기라고 본다.

포항과 포항제철

　1999년 무렵 포항제철 신사옥의 대잠지구 이전계획 백지화 통보와 이를 다시 철회하는 과정을 보면서 포항과 포항제철에 대해 많은 생각을 하게 되었다. 사실 포항과 포항제철을 동렬에 놓고 보는 것은 문제가 있다. 엄밀히 말하면 포항제철은 포항이라는 지역 공동체의 한 구성 부분이다. 따라서 포항과 포항제철의 갈등이라는 표현은 옳지 않다. 정확히 표현하자면 포항의 구성 부분인 포항제철과 또 다른 구성 부분 사이의 갈등인 것이다. 누구도 51만 시민의 이름으로 상대를 비난할 수는 없다. 왜냐하면 모두가 51만 포항시민의 일부이기 때문이다. 포항이 토박이들만의 포항일 수 없고 마찬가지로 포항제철만의 포항일 수는 더더욱 없는 것이다.

　포항과 포항제철의 갈등 내지 대결이라는 도식은 분명 다른 의도를 숨기고 있는 인위적인 편가르기다. 오래전부터 대대로 포항에 살고 있던 사람도 포항사람이고 직장을 따라 포항에 이주해서 살고 있는 사람도 포항사람이다. 그런데도 포항에는 포항사람과 외지인이 함께 살아간다는 느낌을 많이 받는다. 심지어 포항에 이주해서 오랫동안 살고 있는 사람들조차도 자신을 배제한 채 포항사람들은 어떻다라고 말하면서 자신은 포항사람이 아니라는 생각을 하고 있는 경우를 보게 되는데, 그때마다 드는 생각은 "당신도 포항사람이다"라는 사실이다.

포항에 20여 년 살면서 아이들도 포항에서 학교에 다니는 누가 뭐라 해도 포항사람인 모씨는 나에게 "포항사람들은 매우 폐쇄적이다. 나더러 포항사람이 아니라고 말한다"고 한 적이 있다. 소가 웃을 일이다. 그 말을 하는 사람은 분명 포항사람이다. 포항사람임을 누구에게 증명서를 받아야, 누군가에게 인증서를 받아야 포항사람이 되는 것이 아니다. 포항에 거주하고 앞으로 살아갈 사람이라면 포항사람인 것이다.

주변 사람들 가운데 포항시민들을 포항사람, 객지사람 이렇게 구분하는 것을 종종 보게 된다. 다 같이 포항에 살고 있어도 그 사람의 고향이 어디냐는 것 때문에 누구는 포항사람이고 누구는 포항사람이 아니라는 생각을 하는 사람들이 의외로 많이 있다. 그것은 그 사람이 잘못 생각하고 있는 것이다. 분명 포항을 구성하는 것은 매우 다양한 출신과 직업과 계층과 계급으로 구성되므로 누구도 자기가 포항사람이고 나머지는 아니다라고 말할 수 없는 것이다.

포항제철에 대해서도 마찬가지다. 우리는 흔히 '지속가능한 개발'이라는 표현을 많이 쓴다. 개발과 보존의 조화를 중시하는 도시발전 전략을 모색하기 위해 노심초사하는 것이 현실이다. 그러나 포항제철을 바라볼 때는 사고의 균형이 무너지는 모양이다.

포항제철은 포항을 규정하는 절대적인 요소다. 포항제철을 빼놓고 나면 포항의 실체가 없어진다고 할 수 있을 정도로 포항의 핵심을 이루고 있다. 포항제철 없는 포항의 정체성이란 생각할 수 없게 되었다. 포항제철이야말로 현대 포항의 핵심이요 도시의 성격을 규정짓는 핵이다.

포항제철의 상무가 포항제철이 대잠지구에 신사옥을 건립하는 것이 불가능하다는 공문서를 접수시키자마자 포항시의회를 비롯한 각 사회단체는 끓는 물처럼 요란스러웠다. 순식간에 100여 개 단체의 의견이 집약되고 불과 1주일 후에 1만 명 이상이 참여하는 궐기대회를 치르기로 결정해 영남지역의 민심 추이에 촉각을 곤두세우고 있는 현 정부의 신경을 날카롭게 만들었다.

우리는 왜 도로를 만들어도 포항제철에 요구하고, 다리를 놓아도 포항제철이 해달라고 요구를 하는가? 도서관을 만드는 것도, 시청을 이전하는 것도, 문화재단을 만드는 것도 포항제철이 하라고 하고, 도대체 포항제철은 철강회사인지 자선사업기관인지 헷갈릴 정도다.

포항제철이 우리나라의 근대화 과정에서 '산업의 쌀'이라고 하는 철을 생산하면서 큰 기여를 했고 그런 세계적인 회사가 우리 포항에 있다는 사실을 자랑스럽게 생각하며 포항제철이 앞으로도 세계적인 일류 기업으로 더욱 성장하였으면 하는 바람을 가지고 있다. 포항제철이 포항에 많은 고용을 창출하고 세금을 내고 파생효과로 연관산업을 일으켜 준다면 그것으로 포항제철은 역할을 다하고 있다고 생각한다. 물론 포항제철의 직원들이 대부분 포항에 살고 있음으로 포항제철이 포항시민들을 위한 문화 인프라를 제공한다든가 사회간접시설을 지원한다면 더욱 좋은 일일 것이다.

더 이상 포항제철을 괴롭히지 말았으면 좋겠다. 왜 포항제철에 자꾸 기대서 무엇인가 얻어내려고 하는가? 기업이 살아 있다는 것은 무엇인가 생산하고 그럼으로써 환경을 일부 훼손할 수밖에 없는 것 아닌가? 환경을 훼손한 대가를 우리가 누리고 있는 것 아닐까?

만약 포항제철이 포항에 피해를 준 사실이 있다면 그에 대해 정당하게 보상을 요구해야 할 것이다. 앞으로 포항제철에 대해 좀 더 당당하고 떳떳하게 상대했으면 좋겠다.

포항, 대한민국 1퍼센트

　포항은 '대한민국 1퍼센트'이다. 인구 50만 명으로 대한민국 인구(5000만 명)의 1퍼센트이고, 면적도 1100제곱킬로미터로 국토(10만 제곱킬로미터)의 약 1퍼센트이다. 인구나 면적만 1퍼센트인 것이 아니다. 공교롭게도 사회, 경제, 산업통계가 대체로 '대한민국 1퍼센트'에 해당된다. 대구나 안동 같은 내륙도시도 아니고 제주도 같은 섬도 아니기 때문에 산업구성도 1, 2, 3차 산업이 골고루 분포하고 행정기관도 중앙에 있는 것은 다 있다. 대한민국의 축소판이라 할 수 있다.

　나는 고향인 포항을 통해 대한민국을 보는 데 익숙하다. 대한민국이 안고 있는 모든 문제는 포항에도 있다. 포항이 안고 있는 문제는 바로 대한민국의 문제다. 대한민국 안에 포항이 있고 포항을 보면 대한민국이 보인다.

　작은 농촌도시나 대도시가 아니라 포항이라는 '대한민국 1퍼센

허대만의 생각　**187**

트' 규모의 도시에서 태어나 자라고 살고 있는 것을 늘 행운이라고 생각해왔다. '대한민국 1퍼센트' 포항은 늘 나에게 작은 대한민국이었기 때문이었다. 포항은 비록 '대한민국 1퍼센트'에 불과하지만 1퍼센트 이상의 큰 잠재력을 가진 중소도시다. 대한민국 철강산업의 알파요 오메가이다. 철강 관련 산업이 집중돼 있다. 산업의 쌀이라 불리는 철강업은 많은 산업의 원자재를 공급한다. 자동차, 조선산업과 밀접한 관련이 있다. 인근 울산에서 자동차·조선산업이 발전할 수 있었던 한 요인이 되었을 것이다.

철강 관련 산업의 직접 고용인원과 간접인원을 다 합치면 아마 포항 고용인원의 2/3는 되지 않을까 싶다. 철강산업이 아무리 사양산업이 된다고 해도 산업의 쌀인 철의 중요성이 낮아지지는 않는다. 오히려 철강산업을 첨단화해 더욱 부가가치가 높은 제품을 생산할 수 있도록 이끌어 가야 한다. 철강산업을 기반으로 비철강 분야에 과감하게 뛰어들어 지역의 산업구조를 다양하게 만들어야 한다.

포항의 해안선은 영일만을 끼고 있어서 100킬로미터 정도 된다. 해안도로를 따라가며 해안 절경을 보는 것도 멋진 여행이 될 수 있다. 과거에 비해 다소 침체됐지만 수산업도 구룡포읍을 중심으로 오랜 역사를 자랑한다. 과거에 구룡포는 고래잡이로 흥청거렸다. 구룡포에서 돈 자랑하지 마라는 얘기가 있었을 정도로 수산업으로 크게 번성하던 때가 있었다. 지금도 대게 어획량의 상당부분을 구룡포 선적의 배가 감당한다. 브랜드 가치가 더 있는 영덕이나 울진에 가서 위판하기 때문에 구룡포 대게가 그렇게 유명하지는 않다. 하지만 영덕보다 값이 싸고 맛은 더 좋다는 평판이 나 있다.

최근 어자원 고갈로 인해 근해 어업에서 원양어업으로 조업 추세가 바뀌고 있다. 앞으로 수산업은 포항이 크게 관심을 가지고 키워야 할 블루오션이 될 수 있다. 원근해에서 고기를 잡고, 저장, 유통시키며 가공하는 일관된 체계를 구축해서 수산업을 전략산업으로 키워야 한다. 과메기를 전국화해 시장을 확대함으로써 파생된 경제효과에 깊이 주목할 필요가 있다.

바다는 앞으로 매우 중요한 공간이다. 수산업의 터전이 될 뿐 아니라 육지에서 고갈돼 가는 자원의 보고가 될 것이고, 새로운 에너지의 원천이 된다. 한국·북한·중국·러시아·일본에 의해 둘러싸인 동해는 특히나 평화 번영의 바다, 아시아의 지중해가 될 수 있다. 그 중심에 포항이 있다. 앞으로 환동해 시대가 올 때 그 중심에 우뚝 설 수 있어야 한다.

철강산업과의 연계 속에서 포항의 R&D 인프라는 상당히 잘 구축돼 있지만 얼마나 실속 있게 활용해 왔는지 누구도 검증해 보지 않았다. 이제 철강산업을 벗어난 분야에서 성과를 낼 수 있도록 해야 제 기능을 다하고 있다고 할 수 있다.

포항은 오랫동안 문화의 불모지라는 혹평을 받아왔다. 철강산업이라는 중후장대한 산업의 특성에서 기인했을 수도 있고, 오랜 세월 동안 바다를 터전으로 삼아온 지역민의 거친 기질에서 기인 했을 수도 있다. 문화예술 창작활동을 지원하는 인프라를 잘 구축 해 지역에 창의와 활력이 넘칠 수 있도록 만들어야 한다.

포항은 지금 큰 변화의 길목에 서 있다. 지난 40년 철강산업이 라는 외길 성장의 한계는 명확해졌는데, 새로운 미래가 선뜻 손 에 잡히지 않는다. 새로운 미래를 향한 큰 변화가 필요한 시점이 다. 도시의 미래를 새롭게 설계해야 할 때다. 우선 포항이 가진 잠 재력을 잘 타산해야 한다. 포항의 성장동력이 무엇인지, 외부에서 동원할 수 있는 자원이 무엇인지를 잘 따져봐야 할 때다. 포항이 어떤 도시로 변화해야 하는지 구체적인 비전을 내세우고 토론하 고 경쟁해야 한다. 지금까지 해왔던 방법과 목표를 대폭 수정해야 한다. 새로운 목표는 새로운 방법으로 달성할 수밖에 없다.

태어나서 평생을 살고 있는 고향, 포항이 규모에서만 대한민국 1퍼센트가 아니라 삶의 질 수준에서도 '대한민국 1퍼센트'인 도 시를 만들고 싶었다. 대한민국 국민이 가장 살고 싶어 하는 도시 로 만들어 보고 싶었다. 비철강 분야 산업 육성과 R&D 기반 확대, 문화 인프라 구축, 보편적 복지를 강력하게 추진함으로써 명실상 부한 '대한민국 1퍼센트'의 명품도시로 만들고 싶다는 소망을 오 랫동안 품어 왔지만 제대로 일할 수 있는 기회를 얻을 수 없었다. 기존의 지역발전 전략, 정당 구도, 인물의 변화 없이 불가능한 일이다.

　새로운 가능성과 기반은 다른 어떤 도시에 비해 잘 갖추고 있다. 지역사회 지도자들과 시민들의 선택과 노력 여하에 따라 도시의 미래가 크게 달라질 수 있는 중대한 기로에 서 있다. 많은 시민들이 영남권 신공항 건설, 국제과학비즈니스벨트 유치에 실패하면서 '대통령 도시'라는 착각과 환상에서 깨어나기 시작했다. 지역 기반 정당이 실제로 자기발전과 별 관계가 없음을 자각하고 있다. 지금까지와 다른 방법론이 자기발전에 채택되어야 한다는 것을 막연하지만 느끼고 있다.

　지역발전을 위해서 외부에서 조성되는 환경이 어떤가도 중요하지만 우리 지역 내부에서 이를 추진할 동력을 만들어 낼 수 있는가, 또 어떻게 만들어 내느냐가 매우 중요하다. 경쟁이 사라진 정치풍토에서 성장한 안일한 정치 지도력으로 우리 지역의 새로운 미래를 열어갈 수 없다. 오로지 정부의 SOC 투자에 의존해서 지역이 발전하고 성장할 수 있다는 전략을 가진 편협하고 낡은 시각의 지도자들에게 지역의 미래를 맡길 수 없다. 더 나은 도시와 질 높은 시민의 삶을 이루기 위해서 치열하고 공정하게 경쟁하는 과정에서 새로운 정치 지도력이 만들어질 수 있다. 우리 도시가 가진 잠재력을 정확하게 파악하고 이를 현실의 힘으로 전환해 낼 역량이 필요한 것이다.

　2012년 '대한민국 1퍼센트' 포항은 변화의 갈림길에 서게 된다.

40년 동안 달려온 외길에 안주할 것인가, 아니면 새로운 전략과 비전을 선택할 것인가의 갈림길에 서게 된다. 40년 동안 쌓아온 튼튼한 기반 위에 대륙과 해양으로 향하는 원대한 비전을 세우고 실천한다면 포항은 변방의 '대한민국 1퍼센트'가 아니라 중심에 우뚝 선 '세계의 1퍼센트'가 될 수 있다고 확신한다. '대한민국 1퍼센트' 포항이 '세계의 1퍼센트'가 될 수 있도록 힘차게 뛰고 싶다.

남북관계와 포항의 미래

　1990년대 초부터 포항의 정치 지도자들은 영일만 신항을 대북방 교역 및 환동해시대 중추 거점 도시로 도약하기 위한 중요한 인프라로 인식하고 이를 하루빨리 완공하는 것을 자신들의 정치적 명분으로 세우면서 선거 때마다 공약으로 삼아 왔다. 이와 함께 TCR, TSR과 연결되는 동해중부선 철도 건설, 7번 국도의 조기 확장, 국제공항 건설 등을 서둘러야 함을 강조해 왔다. 포항의 미래를 동북아 물류 거점, 대북방 교역 및 환동해 시대 중추도시로 만들어 가겠다는 것은 매우 설득력 있는 비전의 제시라 할 수 있었다.

　1731년 포항에 창진(倉鎭)이 설치되었다. 호남지역의 곡식을 이곳에 저장해 두었다가 함경도 지방에 기근이 들 때 이를 보냈던 것이다. 또한 형산강 수로와 인근 육로를 이용해 전라도 양곡과 함경도 수산물, 그밖의 내륙 물품들의 집산지로 유명했던 포항의 부조장은 물류 중심지로 성장할 수 있는 지리적 이점을 포항이 과거부터 지니고 있었다는 것을 의미한다.

포항이 동북아 물류 거점, 대북방 교역 및 환동해시대 중추도시로 성장하기 위해 지금까지 우리 지역의 지도자들은 신항만의 조기 완공, 동해중부선 가설, 7번 국도 조기 확장, 국제공항 건설을 위한 예산 확보가 중요하다고 강조했지만, 그 목소리에 비해 성과가 적고 우선순위가 밀리고 있는 이유는 무엇일까. 포항지역이 대북방 교역의 중추거점 도시로 성장하기 위해서는 이 같은 인프라 확충에 앞서 또는 병행하여 시급히 성숙시켜야 할 정치적 조건이 있는데, 지역의 정치 지도자들이 대부분 무관심하거나 오히려 반대로 행동하고 있기 때문이다.

포항이 대북방 교역의 중추 거점 도시로 성장하거나 동북아 물류 중심지로 도약하기 위해서 반드시 선행되어야 할 정치적 조건이란 바로 남과 북 사이의 평화와 경제교류의 증진이다. 남북 사이의 군사적 긴장이 고조되거나 정치적 갈등이 증폭된다면 대북방 교류는 불가능하게 될 것이고, 이렇게 된다면 영일만 신항이나 동해중부선 건설, 7번 국도의 조속한 확장 같은 대북방 교역을 위한 인프라 구축의 필요성 또한 사라질 수밖에 없다.

국민의 정부 시절 강력히 추진했던 '햇볕정책'으로 남북 정상회담이 이루어지고 금강산 관광이나 개성공단 조성 같은 인적·물적 교류가 활성화되면서 대북방 교역을 위한 영일만 신항, 동해중부선 건설, 7번 국도 조기 확장과 같은 인프라 구축에 대한 요구도 덩달아 높아졌다. 최근에 다시 고조되고 있는 북핵 위기, 남북관계 단절, 군사적 긴장의 고조와 이를 둘러싼 국제 환경의 악화는 우리 지역의 장래나 민족의 장래를 위해서도 매우 안타까운 일이다. 더욱 아쉬운 일은 지역의 정치 지도자들이 하나같이 남북관계에서 극히 보수적인 입장을 견지하고 있다는 점이다. 과거 '대북송금 특검'을 둘러싼 논란에 대해 누구보다 앞장서서 이를 주장하여 남북관계가 경색되는 것을 개의치 않았고 인도적인 차원의 쌀 지원이나 비료 지원 등의 대북지원 사업을 비롯한 남북 평화 교류 증진을 위한 필수적인 일들을 '북한 퍼주기'라고 선동하고 비난하는 데 누구보다 앞장서고 있기 때문이다. 남북교류와 평화정착을 위한 사업들을 '대북 퍼주기'로 비난하고 반대하면서 우리 지역을 대북방 교역의 중심도시, 동북아 중심도시로 만들어나가자고 말하는 것은 앞뒤가 맞지 않는 지극히 모순된 태도라고 할 수 있다.

남북교류가 확대되고 남북 사이의 평화정착이 전제되지 않고는 결코 영일만 신항, 동해중부선 건설, 7번 국도 조기 확장 등 우리 지역이 동북아 중심도시로 도약하기 위한 인프라 구축의 요구가 국가적인 차원의 사업에서 우선순위에 자리매김할 수 없다. 우리 지역을 진정으로 동북아 중심도시, 대북방 교역의 거점도시로 성장시키고자 하는 지도자라면 쥐꼬리만한 중앙정부 예산을 확보했다고 생색을 내기에 앞서 먼저 남북교류 확대, 평화정착을 위한 노력에 누구보다 앞장서야 할 것이다. 포항의 미래는 한국, 북한, 중국, 러시아, 일본에 둘러싸인 동해를 평화와 번영의 바다로 만들어나가는 동북아 평화 번영의 비전 속에서 찾아야 한다.

영일만 신항, 동해안 철도, 동해안 고속도로, 국제공항 등의 인프라 구축 또한 동해를 '평화 번영의 바다', '동북아의 지중해'로 만드는 구상 속에서 그 가치가 빛날 수 있다. 남북 사이의 긴장이 흐르는 가운데 동해는 결코 평화의 바다가 될 수 없고, 포항의 미래도 없다. 동해를 평화와 번영의 바다, 동북아의 지중해로 만들자. 그곳에 포항의 미래가 있다.

영일만 신항 발전의 조건

 20년 가까운 세월이 걸려서 영일만 신항이 개항했다. 포스코 이후 포항을 먹여 살리는 인프라가 될 것이라고 과장해서 홍보하기도 한다. 자원이 부족하고 영토가 좁은데다 인구가 많은 대한민국은 통상국가로 성장할 수밖에 없다. 이런 국가의 처지는 지역발전 전략을 짜는데 매우 중요하게 고려해야 할 요인이다. 대한민국 교역량 중에서 중국과의 교역량이 차지하는 비중이 가장 높아진 건 이미 오래전 일이다. 무역수지 흑자도 중국에서 가장 많이 나고 있다. 전통적인 교역국인 미국, 일본의 교역량을 합친 것보다 더 많은 교역을 하고 있다.

 중국과의 교역이 우리 경제에서 차지하는 비중을 감안한다면 이를 뒷받침하기 위한 국가의 SOC 투자는 당연한 일이다. 앞으로 상당한 기간 이러한 추세는 변함이 없을 것이다. 미국, 일본 중심의 세계 경제보다 더 오랜 세월 동안 중국 중심의 경제질서가 형성되고 유지될 수도 있기 때문에 이에 대한 대비는 지역과 국가의 생존과 번영을 위해 필수적인 요소다. 중국 동북 3성의 유일한 항구인 다롄항, 이미 세계적인 도시로 성장한 상하이, 우리와 교역이 특별히 많은 칭다오, 전통적인 경제중심지 홍콩 등과의 교역을 위해 서해안 중심의 투자와 준비가 불가피한 환경이 조성되었다. 이들 중국의 해안도시와 대응해 우리의 서해안 도시들이 앞서 준비를 해나가는 것은 너무 당연한 일이다. 인천, 당진, 군산, 목포 등의 서해안 도시는 국가적 차원에서든 지역 차원에서든 발전을 위한 절호의 기회를 잡은 셈이다.

국가의 SOC 투자가 상대적으로 이들 지역에 집중되고 있는 것도 정권의 성격과 관련 없이 선택의 여지가 없는 일이다. 중국과의 교역 비중이 나날이 높아지고 있는데, 국가의 SOC 투자가 이를 외면할 수 없는 것이다. 이를 두고 동서 차별이니 영호남 차별이니 하면서 지역감정을 조장시키는 사람들이 있는데, 무지하고 어리석은 사람들이다. 아니면 의도적으로 자기들의 무능과 무지를 감추기 위한 이데올로기일 뿐이다. 우리 지역 지도자들이 MB 정권 들어서고 나서 전가의 보도처럼 휘두르는 논리가 바로 동서 차별 또는 동해안 차별 논리다. 과거 정부 10년 동안 동해안이 차별을 받아왔는데 이제 우리 지역 출신이 집권했으니 동해안 SOC에 대한 투자를 집중적으로 해야 한다는 주장이 활개치고 있다. 과거 정권을 우리 지역에 대한 차별을 퍼붓던 호남정권이고 이제 영남정권, 우리 지역 정권이 들어섰으니 이 기회에 우리도 국가의 집중적인 투자를 받도록 하자는 주장이다. 참으로 어리석은 주장이 아닐 수 없지만 의외로 많은 사람들이 이런 주장에 현혹되고 있다.

과거 정부가 과연 호남에 기반을 둔 정권이어서 서해안 SOC에 집중적인 투자를 했을까? MB정권은 서해안에 대한 투자를 뒤로 미루고 동해안 SOC에 대한 전폭적인 투자를 할 수 있을까? 불가능한 일이다. 과거 정권에서 서해안에 투자가 많이 이루어진 것이 호남에 기반을 둔 정권이라서 지역 차별을 한 것이 결코 아니다. MB정권도 우리를 둘러싼 현재의 경제환경 속에서 서해안에 대한 투자를 늦추거나 소홀히 할 수 없다. 우리를 둘러싼 환경은 이미 우리의 선택을 좁게 만들고 있다. 서해안에 대한 투자는 불가피한 정부의 선택이다.

이런 환경을 감안하면 포항과 영일만 신항은 매우 열악한 조건에 처해 있는 셈이다. 중국과의 교역이 증가하고 있는데, 중국과의 교역에는 매우 불리한 지리적 조건이기 때문이다. 포항 업체들이 동북 3성 내륙에서 많이 나는 원료나 소재를 수입하려면 중국 내륙 수송을 거쳐 다렌항을 통해 해상 운송을 하고 부산을 거쳐 포항항으로 들어온다. 서해안에 입지한 업체들에 비하면 당연히 물류비가 추가로 들어가게 되어있다. 포항에 있는 업체들이 영일만 신항의 이점을 제대로 누리기 어렵게 되어있는 것이다. 중국과의 교역에 어떤 유리한 점도 없는 항구가 바로 현재의 영일만 신항이다. 중국에 수출을 목표로 하는 기업이 현재의 여건에서 영일만 신항 배후공단에 자리 잡을 수 없게 되어있다.

결국 늘어나는 중국과의 교역량에 대응하고 영일만 신항의 이점을 높이기 위해서는 중국 동북 3성 물동량과 러시아 극동의 물동량이 동해를 이용하도록 하는 환경을 조성할 필요가 있다. 북한은 나진·선봉항 개발을 통해 중국의 동해안 항구 역할을 하려고 하고 중국 후진타오 주석은 '창지투 개발 계획'을 추진함으로써 여건이 조성되고 있지만 남북관계가 지금처럼 경색되어서는 더 이상의 진척을 기대하기 어렵다. 중국의 '창지투 개발 계획'과 북한의 나진 선봉항 개발에 대응하여 영일만 신항이 선점할 부분을 선점해야 한다. 영일만 신항이 동해안 거점 항구가 될 수 있도록 철저한 대비를 해야 한다. 지역 차별이라는 엉뚱한 논리를 동원하려고 하지 말고 남북관계 개선을 위해 우리 지역 지도자들이 노력해야 한다. 남북 사이에 군사적 긴장이 높고 언제 전투가 벌어질지 모르는 상황에서는 동해안 항로가 활성화될 수 없다. 당연히 영일만 신항의 경제적 가치, 지리적 이점이 낮아질 수밖에 없다. 동해안 철도 또한 마찬가지다.

우리 지역 지도자들이 동해안 차별을 한탄하면서 '형님 예산'이라는 비난 속에서도 동해안 SOC 예산 확보 노력을 하기에 앞서 남북관계 경색을 풀고 동해안 공동개발을 압박해야 한다. 영일만 신항은 서해안 중심으로 흐르는 중국 물동량을 동해안으로 얼마나 분산시킬 수 있느냐가 성패의 관건이 될 것이다. 이런 환경과 정세의 조성이 매우 중요하며, 정부가 앞장서도록 만들어야 한다. 하지만 지금 정부의 성향이나 대북관계 관리 능력을 볼 때 기대하기가 어렵다. 정부의 대북정책이 획기적으로 바뀌거나 대북관계를 전향적으로 접근하는 정부의 등장이 없이는 불가능한 일이 아닐까 한다.

영일만 신항 활성화는 의외로 쉽게 될 수 있고 급진전될 수도 있다. 항상 대비하는 자세를 유지해야 한다. 남북교류와 대북지원을 퍼주기라고 맹비난하는 지도자들이 중심이 되어서는 결코 영일만 신항을 활성화할 수 없다. 동해안 차별론을 부추기면서 실제 필요한 남북관계 개선에는 앞장서지 않고 오히려 대북경협이나 교류를 비난하는 지도자들이 어떻게 동해안 발전을 이끌어 갈 수 있겠는가. 냉전적 사고와 영일만 신항 활성화, 포항 발전은 양립할 수 없다.

대한민국의 그 어떤 지역보다 남북교류 활성화와 도시의 미래가 일치되는 곳이 바로 포항이다. 남북관계를 가장 진보적으로 풀어나가는 정부야말로 포항제철을 가져다 준 박정희 정부와 같은 획기적인 자기발전책을 제시한 정부가 될 것이다.

청해진의 꿈

얼마 전 한 방송사에서 1200년 전 통일신라시대 인물인 장보고를 모델로 한 원작소설을 각색한 〈해신〉이라는 드라마가 인기리에 방영되었다. 일본과의 사이에 독도 영유권 분쟁이나 역사 왜곡, 중국의 고구려사 왜곡 문제가 아직도 진행 중인 상황에서 바다를 통해 한반도와 중국, 일본을 넘나들었던 해상왕 장보고의 활약상을 그린 역사 드라마는 시청자들의 눈길을 사로잡을 만한 충분한 이유가 있었다.

1200년 전 장보고는 골품 제도가 존재하는 엄격한 신분 차별 사회에서 이를 극복하고 오직 자신의 실력으로 동아시아의 무역 패권을 장악한 인물이었다. 동아시아의 언어와 역사에 정통했던 학자이자 외교관이었던 미국의 라이샤워(Reischauer)는 "장보고는 상업제국(commercial Empire)을 건설했던 위대한 무역왕(merchant prince)"이라고 평가했다.

그는 신라 하대에 중국 산동반도의 적산촌과 신라의 완도에 설치된 청해진, 일본의 하카다(博多)에 무역 근거지를 두고 서해와 중국 동해에서 일본열도에 이르는 전 해역에 걸친 해상 무역권을 장악했다. 그뿐만 아니라 육지로는 서안을 거쳐 중동에 이르는 무역에도 영향을 미쳤다. 그는 동양 3국의 무역을 주도하였으며, 서방세계와 중계무역을 총괄하는 동아시아 무역의 패권을 장악한 명실상부한 무역왕이었다. 소크라테스가 "나는 아테네인도 그리스인도 아니다. 단지 세계의 시민일 뿐이다"라고 말했던 것처럼 장보고는 1000년도 훨씬 전에 '세계인'이었던 것이다.

우리나라를 동북아 경제 중심으로 성장시키겠다던 참여정부의 비전이나 포항을 환동해경제권의 중심도시로 키우겠다는 꿈은 이미 1200년 전 한반도 남쪽의 작은 섬 완도를 중심으로 현실화되고 있었던 청해진의 꿈을 오늘에 되살리는 것이라 해도 좋을 정도로 장보고의 청해진은 동아시아 무역에서 중요한 역할을 담당하고 있었다. 해양 경계 획정과 이에 따른 중복수역 문제, 독도 문제, 중국, 대만, 일본 간의 센카쿠 열도 문제, 러시아, 일본 간의 북방 4개 도서 반환 문제, 북핵 문제 등으로 분쟁이 끊이지 않고 있는 동북아 지역에서 청해진의 꿈을 오늘에 되살려 우리나라가 동북아 경제 중심으로 우뚝 서고 포항이 환동해 중심도시로 성장하기 위해서는 장보고식 사고와 활동은 시사하는 바가 매우 크다고 할 것이다.

장보고의 정신은 개방화, 세계화라 할 수 있다. 우리나라는 동북아의 위기를 국운 상승의 계기로 만들기 위해 대외 지향적이고 진취적인 국가 어젠다를 설정하는 일이 시급하다. 자기발전 전략을 수립하는 데에도 좁은 한반도 이남에 갇힌 시각을 넘어서는 비전을 수립해야 한다. 지역 차별론이나 앞세워 정부 예산을 조금 더 타내기 위한 몸부림 정도로는 결코 지역의 미래를 열어갈 수 없다. 지역 갈등, 계층 갈등 등 내부적 대립 차원을 넘어 국민적 공감대를 형성할 수 있는 새로운 비전의 모색이 절실하다.

또 장보고가 구현한 해상 지배 역량의 원천은 동북아 해상과 연안을 거미줄처럼 엮은 네트워크였다. 중국 연안, 일본 하카다를 잇는 광대한 지역에 펼쳐진 신라인의 삶의 터전을 하나의 목적을 향해 상호 연결되도록 만들었다. 당시 해외에 흩어져 있던 신라인들의 거점들을 자산으로 보는 안목과 국제적인 세력화의 성공이 해상 장악의 중요한 요건이었다. 2001년 기준으로 해외 거주 한인의 수는 142개국에 565만 명으로 중국, 이스라엘, 이탈리아, 인도에 이어 세계 5위라고 한다.

우리나라가 동북아 경제 중심을 넘어 세계의 허브 국가로 성장하기 위해서 이들 해외 거주 한인들의 전 지구적 역량을 어떻게 결집할 것인가 하는 점이 매우 중요하다. 바다를 통해 장보고는 동아시아 무역 패권을 장악했다. 로마의 정치가 키케로(Cicero)는 "바다를 지배하는 자가 제국을 지배할 것이다"라고 했다. 우리나라는 삼면이 바다고 해안선 길이가 중국과 일본과 비슷할 정도로 해양국가로서의 가능성을 충분히 가지고 있다. 내가 가진 것을 개방하고 남과 교류하여 상호이익을 증진하는 방향으로 나아가는 것은 해양국가의 기본 성향이다. 바다에 더 많은 관심을 가지고 해양 경영을 활성화해야 하며, 자원, 환경, 빈곤, 인권, 무역 등 범지구적 차원의 문제에 국제사회의 구성원으로서 참여해야 한다.

국내의 갈등을 넘어서 국민적 공감대를 형성할 수 있는 진취적인 비전의 제시 전 지구적인 차원의 한민족 역량 결집, 해양 경영을 활성화한다면 청해진의 꿈은 천년의 세월을 뛰어넘어 다시 현실화될 수 있을 것이다.

'경포영울' 통합성을 높이자

경상북도는 안동을 중심으로 하는 북부권과 구미를 중심으로 하는 서부권, 포항, 경주를 중심으로 하는 동남권으로 나눌 수 있었다. 생활권이나 경제권도 대체로 그렇게 나누어진다. 포항 인근의 영덕과 울진은 과거에 생활권이 안동을 중심으로 하는 북부권에 편입돼 있었고 지금도 그 영향이 강하게 남아 있다. 과거에는 영덕이나 울진에서 중학교를 마치면 대구나 안동으로 유학을 가는 경우가 많았지만 포항으로 오는 경우는 거의 없었다. 안동 중심의 북부지역 11개 시·군 모임이나 연대에 요즘도 영덕과 울진은 빠지지 않는다.

하지만 근래에 영덕과 울진이 포항 중심의 경제권·생활권으로 편입되는 현상이 뚜렷해졌다. 7번 국도로 연결된 이들 지역의 경제와 생활, 교통이 밀접하게 연결되는 것은 자연스러운 일이고, 최근에는 방송권까지 통합됨으로써 문화와 정보의 소통까지 공유하는 관계가 되었다. 지리적으로 인접한 경주와 포항도 마찬가지다. 이미 강동면과 안강읍은 포항으로 출퇴근하는 주민들이 많아서 두 도시의 교집합 같은 지역 성격을 가지고 있다. 경북의 동남권에 해당하는 경주, 포항, 영덕, 울진은 교통, 방송, 경제, 생활의 다방면에서 연계성과 통합성이 강하게 나타나고 있다. 모든 분야의 연계성과 통합성이 높아지고 있지만, 행정단위는 구분되어 있기 때문에 비효율과 낭비도 날이 갈수록 많아지고 있다. 높아지는 연계성·통합성에 걸맞은 행정 대응이 필요한 때가 되었다.

행정 단위가 4개의 시·군으로 나뉘어 있으니 도시계획, 산업계획을 비롯한 지역의 미래를 설계하는 일도 별개로 이루어진다. 4개 자치단체의 계획에는 중복이 많아 장점에 집중력을 발휘할 기회를 서로 놓치게 되는 경우도 있다. 포항과 경주 두 도시가 모두 첨단과학도시를 지향할 필요는 없으며 가능하지도 않다. 두 도시가 모두 문화관광 도시를 지향할 필요도 없다. 포항과 영덕이 경쟁적으로 수산업 관련 기반시설에 분산해서 투자할 필요가 없고, 영덕과 울진 또한 중복 계획을 추진할 필요가 없다.

이미 4개 시·군의 통합성은 더욱 강해지고 있다. 이런 현실을 지역사회의 미래를 계획하는 데 충분히 반영해야 한다. 통합성은 더 높여 나가고, 이를 기반으로 공동의 미래를 계획하는 사례를 더 많이 창출해야 한다. 경주의 관광산업, 포항의 첨단산업, 영덕의 수산업, 울진의 생태농업을 특화해 집중적으로 육성·발전시키고 상호보완할 방법을 찾아본다면 동해안 지역의 공동 발전에 매우 유리할 것이다. 7번 국도로 이어지고 있는 이들 지역에 동해안 철도 부설 사업을 더욱 가속화하고 쉽게 왕래할 수 있는 경전철 사업도 구상해 봄직하다. 광역 경제권 형성을 위해 7번 국도 외에 고속도로 건설도 추진 중에 있어서 속도를 낼 필요가 있고, 4개 시·군 공동의 문화행사나 축제도 기획해볼 수 있다. 개별 시·군의 특색 있는 행사는 공동의 프로모션도 생각해 볼 수 있다.

신재생에너지 클러스터 계획이 추진 중에 있는데, 이 지역 공동의 특화산업으로 집중적으로 투자한다면 장래에 효자산업으로 자리 잡게 될 것이다. 지역방송도 이들 지역 사이의 통합성을 높일 수 있도록 각종 정보와 뉴스의 교류가 신속하게 이뤄질 수 있도록 할 필요가 있다. 포스텍과 한동대의 분교를 영덕, 울진 지역에 설치한다거나, 동국대, 경주대, 위덕대, 포스텍, 한동대 등 지역 대학 간 교류와 연계를 높일 수 있는 방법도 찾아본다면 시너지를 창출할 수 있을 것이다. 궁극적으로 이들 지역의 연계성과 통합성이 높아지면서 행정통합도 시도해야 한다. 그렇게 해야 지역의 자원이 효과적으로 배분되고 중복과 낭비를 줄일 수 있다.

과거에는 '경영'이 서로 다른 문화적 배경에 있었지만 근래에 연계성과 통합성이 눈에 띄게 높아졌다. 행정단위는 대체로 산천을 경계로 이루어져 왔지만, 지금은 산천의 경계를 넘어 교통과 통신이 이뤄지고 있고 정보와 방송권의 통합은 지역을 더욱 밀접하게 만들고 있다. 도시와 지역의 인위적인 경계는 시대와 생활에 맞게 변화할 수 있고 적당한 시점에 변화를 주어야 자원을 효과적으로 활용할 수 있게 된다.

'경영'이 바로 그런 지역이 되었다. 교통·통신의 발달, 방송과 정보의 교류단위가 통합됨으로써 행정의 통합이 필요한 시기에 도달하게 될 것이다. 행정 협력을 강화하고 공동의 계획을 적극 추진하고 교통·통신망을 더욱 확충함으로써 통합성을 높이는 사업을 꾸준히 전개해야 한다. 경북 동남권 통합 발전의 비전을 더욱 구체화해야 한다.

구도심 재생

 어느 날부터 포항시내 육거리 가장 눈에 잘 띄는 건물 외벽에 '중앙도서관 건립 결사 반대'라는 현수막이 붙었다. 현역 시의원 사무실이 있었던 건물이었다. 2010년 포항시장 선거에 출마했을 때 구시청 부지에 포은도서관을 대폭 확장하고 건물을 신축해서 중앙도서관을 건립하겠다는 공약을 했던 나로서는 의아스러웠다. 걸핏하면 포항을 '문화의 불모지'라고 자학하는 사람이 많은 도시에서 중앙도서관 건립을 반대하는 현수막이 사람과 차량의 통행이 가장 많은 도심 한가운데 걸렸다는 게 믿기 어려울 지경이었다.

 현수막을 게시한 시의원을 행사장에서 만나 사정을 물어보았다. 포항시청이 이전한 이후 날로 악화되던 중앙상가 경기가 현재 최악의 상태라 구시청 자리에 소비력은 별로 없고 학생들만 모이는 도서관 건립에 반대하는 상인들이 많다고 했다. 이들을 대변해서 현수막을 게시했고, 나에게도 도와 달라고 했다. 도서관 건립 반대를 주장하는 상인들의 생각의 배경이 어떠한지 이해는 되었다. 하지만 그분들의 걱정에 부족한 부분이 있었다. 구시청 자리에 무엇을 지을 것인가를 고민하기에 앞서 날로 침체되고 있는 중앙상가 등 구도심 지역을 어떻게 하면 다시 활기를 불어넣고 경기를 살릴 수 있을까를 고민하는 게 순서가 아닐까 싶었다.

그렇게 해서 구도심 재생을 위한 시민토론회를 개최했고, 발제를 맡았던 서병철 YMCA 사무총장은 '창조도시'라는 개념을 적용해 공동화, 침체되고 있는 원도심 지역을 창조적인 문화생산자들이 자리 잡을 수 있도록 해보자는 아이디어를 제안했다. 임대료가 오히려 저렴해진 원도심 지역에 음악·미술 분야의 예술가들이 창작활동을 하는 공간을 만들 수 있도록 하거나, 테크노파크 같은 건물이 원도심 지역에 오지 못할 이유가 어디 있는가 반문하기도 했다. 실제 얼마나 적용할 수 있을지 진지하게 검토해 볼 필요가 있는 제안이라고 생각했다.

포항시가 구도심 지역 상권 위축과 주거환경 악화를 개선하기 위한 고민을 하고 있다면 반드시 검토해서 적실성을 따져봐야 할 것이다. '창조도시'라는 개념 설정을 먼저 하고, 이를 실제 현장에 적용하는 방안도 시도해 봄직하지만, 그 반대로 구도심 인근의 구체적인 시설과 공간을 어떻게 활용할 것인가를 생각해 보는 것도 구도심을 활성화하는 방법이 될 수 있을 것이다.

구도심 하면 대부분 중앙상가를 먼저 생각하지만, 송도, 해도, 상대동, 죽도동 같은 주거지역까지 포함하는 범위로 설정하는 것이 바람직하다. 이들 지역은 포항시에 아파트가 대규모로 공급되면서 인구도 줄고 고령화되고 있다. 이와 함께 부동산 가치도 하락해 재산상의 손실도 적지 않다. 이들 지역의 주거환경을 개선해 자산 가치를 회복시켜 주는 일도 구도심 재생의 과제 가운데 하나다. 구도심에 있는 여러 가지 시설과 공간을 새롭게 구성하는 데 가장 먼저 고려해야 할 일은 어떻게 하면 사람들을 다시 모을 수 있을까 하는 점이다. 이런 고려의 첫 번째 대상이 되는 공간이 현재의 포항역 부지다.

이미 도심의 철로는 철거되고 숲길 조성 공사가 시작되었고, 조만간 포항역이 흥해읍 이인리로 이전하게 되면 구도심에 인접한 지역에 매우 큰 공간이 형성되는데 이곳을 어떻게 만들 것인가는 구도심, 특히 중앙상가에 미치는 영향이 매우 클 것이다. 이곳에 넓은 광장을 조성해 '포항광장'이라 부르면 어떨까 한다. 도심에 넓은 공간이 새롭게 생기는데, 이곳에 탑이나 건축물을 세우지 말고 현재 있는 건축물과 장애물을 모두 철거하고, 잔디와 나무만 새로 심어 공원 같은 광장을 만들어 평상시에는 휴식공간이 되고 필요할 때는 집회와 행사 공간으로 이용할 수 있도록 하면 많은 사람들이 모여드는 공간이 되지 않을까 한다. 지하에는 넓게 주차공간을 마련한다면 중앙상가의 주차문제까지 해결할 수 있게 된다. 휴식과 행사를 위한 넓은 공간을 도심에 확보하게 되고 이 광장은 철로를 걷어 낸 숲길로 남북으로 연결돼 주거지역에서 걷거나 자전거로도 쉽고 편리하게 접근할 수 있는 공간이 된다. 휴식과 행사뿐 아니라 '포항광장'은 시민 소통의 공간이 될 수 있을 것이다.

두 번째 고려 대상은 구시청 부지다. 현재 옛 건물을 리모델링해 포은도서관을 운영하고 있는데, 포항시가 운영하는 시설 중에서 이용률이 가장 높다. 어린이 도서관은 책을 읽거나 빌리고 반납하는 시민과 어린이들로 북적이고 열람실도 항상 만원이다. 현재 장서를 보관할 공간이나 열람실이 부족한 상태다. 이곳에 새롭게 중앙도서관을 신축한다면 지금보다 훨씬 더 많은 시민들이 편리하게 이용하게 될 것이다. 지금처럼 주로 열람실을 이용하는 중고등 학생들이 모여들 때보다 여러 가지 행사가 이루어지게 되면 많은 시민들이 모여들게 될 것이고, 결국 인근 상권에도 도움이 된다.

세 번째 고려대상은 동빈내항과 그 인근 지역이다. 동빈내항은 오래전부터 물이 흐르게 하여 바닥이 보일 정도로 다시 정화해 보자는 제안이 끊이지 않았다. 결국 현재처럼 수변공원 조성사업이 진행되고 있다. 내항의 서쪽부터 정비해 나가고 있는데 동쪽인 송도 쪽도 정비해야 한다. 시멘트 공장의 대형 사일로도 다른 곳으로 이전시켜서 대형 차량이 도심에 진입하지 않도록 해야 한다.

소규모 선박 부품판매점, 부품 정비공장, 철공소 등이 인근의 다른 지역으로 이전할 수 있는 방안도 마련해야 한다. 그렇게 한다면 원도심 지역의 상권과 주거환경은 크게 개선될 것이다. 동빈내항 정비와 원도심 활성화는 매우 밀접한 관련이 있다.

네 번째 고려대상은 동빈내항 너머의 송림과 송도해안, 형산강 고수부지 지역이다. 중앙상가와 거리가 있어 보이지만 결국 과거 포항의 중심을 구성하던 곳이다. 현재 꾸준히 환경 개선을 위한 투자가 이뤄지고 있지만 더욱 박차를 가해야 한다. 더 많은 시민들이 편리하게 찾을 수 있도록 상가 조성, 체육시설 보완이 이뤄져야 한다. 지금도 시민들의 이용률이 점점 높아지고 있어 적은 투자로 큰 효과를 낼 수 있는 지역이다.

앞의 네 가지 고려대상 지역들이 중앙상가 실개천거리, 중앙아트홀 등과 잘 어우러지면 구도심 지역에는 많은 변화가 생길 것이다. 구도심 내 빈 상가를 어떻게 활용할 것인가도 연구해야겠지만, 행정이 앞장서서 조성해야 할 새로운 환경과 공간이 더 중요하고 우선이다. 상업 중심의 구도심 이외에 주거 중심의 구도심 지역은 주거환경을 지금보다 개선해야 한다.

단독주택 중심의 낡은 양옥으로 구성된 주택 형태가 현대인의 주거 욕구에 잘 부합되지는 않지만 장래에 분명 아파트 형식의 주거에 싫증을 내는 사람들이 많아지고 단독주택에 대한 선호가 다시 높아질 것으로 예측하면서 구주거지역 주거환경 개선을 위한 방안으로 검토해 볼 만한 사업이 있다. 악취 제거와 미관 개선, 교통 소통을 위해 복개해버린 양학천, 칠성천 등 옛 하천을 복원하는 사업이다. 이른바 오도(五島) 복원 사업이다.

과거 포항은 다섯 개의 섬으로 이루어진 지역이었다. 이 섬들 사이를 흐르고 있었던 하천들이 남김없이 복개되었다. 복개할 때는 그만한 이유가 있었을 것이다. 이제 도심 교통과 주택이 분산되었고 하천을 오염시켰던 하수의 정화 설비가 완전하게 가동 중인 상태라 복원을 검토할 때가 되었다.

도심과 주택 사이로 맑은 하천이 흐르도록 복개 하천을 단계적으로 복원해 보자. 청계천 복원공사를 벤치마킹해 한번 시도해봄직하다. 송도, 해도, 상도, 대도, 죽도 등의 주택들 사이로 하천이 다시 흐른다면, 그 하천은 과거처럼 악취가 나고 교통을 방해하는 애물단지가 아니다. 주택의 가치를 높이고 과거 주거지역의 자산 가치를 올리게 해 도시의 균형 있는 발전을 이루게 될 것이다. 오도 복원 사업이 구도심 복원을 위한 다섯 번째 고려 대상이다. 포항광장, 중앙도서관, 동빈내항, 송림, 송도해안, 형산강변과 함께 오도 복원 사업이 시행된다면 포항의 구도심은 새로 태어날 수 있다.

정보화와 대의민주주의

대의민주주의는 국민이 직접 정치과정에 참여해 모든 정책을 결정하는 것이 아니라 대표자를 선출해 그 대표자를 통해서 간접적으로 국가의 정책 결정과 집행에 참여하는 제도다. 대의민주주의에서는 '총탄 대신에 투표로써(not bullet, but ballot)'라는 말에서 보듯이 선거라는 절차를 통해 정치적 문제를 해결하는 것을 기본 원칙으로 한다. 국민은 선거라는 절차를 통해 주권자로서 권한을 대표자에게 맡길 수 있으며, 선거라는 절차를 통해 정책 결정에 자신의 의사를 반영할 수 있으며, 선거라는 절차를 통해 책임을 물어 대표자를 교체할 수 있다.

대의민주주의는 국민들의 다양한 이해관계를 결집해 정책화하는 정당이 국민들의 정치적 욕구를 대신해 정치에 참여하게 된다. 이런 의미에서 대의민주주의를 정당민주주의라고 할 수도 있다. 대의민주주의에서는 국민 개개인의 정치적 욕구는 직접적으로 표출될 수 없게 된다. 국민 개개인이 정치에 참여할 수 있는 것은 선거과정에서 투표라는 정치행위를 통해서만 가능하다.

주로 지리적 단위에 기초한 대의기구, 지역대표를 선출하는 선거, 그리고 지리적 대의기구(지방의회나 국회)와 선거정치를 사실상 독점하고 있는 정당, 세 가지 제도로 운영되는 현재와 같은 대의제 민주주의는 다음과 같은 근본적인 한계점을 드러내고 있다.

첫째, 모든 시민은 자신의 삶에 영향을 미치는 결정에 참여할 수 있어야 한다는 민주주의의 기본이념에 어긋난다. 시민들은 선거 때만 주권자가 되고, 선거와 선거 사이에는 대표들이 하는 일을 쳐다만 보고 있어야 한다. 그런데, 이러한 대표들이 결정하는 문제에 대해서 그때그때 책임을 묻거나 교정하지 않고 다음 선거까지 기다리게 될 경우 엄청난 피해를 입는 사례가 많아지고 있다.

둘째, 주로 지리적 단위에서 선출되는 대표들로 지리적 대의기구를 구성하고 있는 현재와 같은 대의제 민주주의는 모든 차원에서 동질적인 추상적 개인과 개인의 자율성을 가정하고 있어 개인의 다주체성이나 이해관계의 다차원성과 조직생활에 의해 주체가 형성된다는 사실을 무시하고, 지리적 대의기구가 시민의 모든 측면에 대한 이익 대변을 독점하고 있다.

셋째, 국민이 직접 선출하는 대표의 후보를 결정하는 권한이 정당에게 사실상 독점되어 있어 특정 사회집단에 속하는 국민들은 자신이 지지할만한 대안을 갖지 못하는 경우가 많다. 이러한 상황은 당선자 결정방식이나 의회에서의 표결방식, 즉 다수결제도로 말미암아 더욱 악화될 수 있다.

넷째, 두 번째로 지적한 문제점의 결과로 나타나는 것으로, 추상적인 개인과 개인의 자율성에 기초해 자의적으로 그어진 지리적 범위 내의 일정한 수의 유권자에 의해 대표를 선출하는 대의제 민주주의에서는, 개인이 사회적 분업구조 속에서 담당하는 역할에서 나오는 이해관계가 대의기구로 전달될 통로가 차단된다. 그에 따라 이러한 기능적 집단이나 조직이 자금력을 동원해 정책 결정에 영향력을 행사하거나, 국민이 직접 책임을 물을 수 없는 행정관료나 언론기관, 또는 조합주의적 정책 결정 심의기구에 의해 정책이 결정되는 사례가 많다.

대의민주주의의 일반적인 한계와 인터넷을 비롯한 통신기술의 향상은 대의민주주의의 다양한 기구들을 무력하게 만들고 있는 현상이 나타나고 있다. 대표적인 대의기구인 의회는 주요한 정책 결정을 하는 데 독자적인 활동을 하기가 어렵게 되었다. 앨빈 토플러(Alvin Toffler)는 대의기구가 대표하고 있는 유권자들의 이해가 다양화, 파편화되어 지역 유권자들 간에 합의가 이루어지지 않는 마당에 누구를 대표한단 말인가라고 하였다. 많은 의회의 의원들은 결정해야 할 무수한 의안에 대해 갈수록 모르는 것이 많아지기 때문에 다른 사람들의 판단에 점점 더 의존할 수밖에 없게 되었다. 대표자들은 이미 스스로를 대표하지도 못하고 있는 것으로 보았다.

대의민주주의의 한계가 노정되는 것은 이처럼 정보화 사회에서 다양화되는 유권자들의 이해를 대표하는 것이 어려워진 근본적인 상황과 결부되는 측면도 있지만 인터넷을 비롯한 통신기술의 발전으로 국가권력이 통제할 수 없는 시민의 발언권이 강해지는 것과 밀접히 관련된다. 억압적인 정권하에 있던 사람들조차 자신의 주장을 알릴 새로운 방법을 갖게 되었으며, 민주주의 국가에서는 인터넷 등 통신기술의 향상으로 로비활동의 비용이 낮아지고 있다. 억압적인 체제하에 있는 사람들도 자유를 위한 투쟁의 소식을 외부세계로 쉽게 전달할 수 있게 되었다.

1996년 12월 세르비아 정부가 최후까지 남은 독립적인 라디오 방송국 B-92를 폐쇄하려 했을 때, 이 방송국은 세르비아어로 라디오 방송을 하면서 인터넷에서는 영어로 방송을 했다. 당시 반정부 운동은 대학을 중심으로 이루어졌고 대학에서 많은 교수와 학생이 인터넷을 이용할 수 있었기 때문에 이 라디오 방송국의 웹사이트는 반정부 운동 소식을 유포하는 데 결정적인 역할을 했다.

이처럼 인터넷의 발전은 시민의 발언권을 강화해 대의기구의 기능을 무력화하고 있다. 대의기구가 주요한 문제에 대한 결정을 하기 전에 이미 시민 개개인들은 자신의 주장을 확실히하고 비타협적이 된다. 그래서 단일 쟁점의 정치적 압력단체들이 비타협적이 된다. 미국의 의회나 주의회를 통해 복잡한 흥정이나 조정을 할 기회가 제한되어 있기 때문에 체제에 대한 그들의 요구는 협상의 여지가 없게 되는 것이다. 이렇게 해서 대의정부를 최종 중재자로 보는 대의민주주의 이론도 붕괴되고 있다.

장기적으로 볼 때 흥정의 파탄, 결정의 위기, 대의제도의 마비 상태 등은 지금 소수의 대표자가 내리는 여러 가지 결정을 점차로 선거민 자신들에게 되돌려주어야 한다는 것을 말해주고 있다. 국민이 선출한 중재자들이 국민을 위해 흥정할 수 없다면 국민 스스로가 나서야 할 것이다. 대표자들이 제정한 법률이 국민의 요구와 점차로 동떨어지거나 부합하지 못한다면 국민은 자신의 법률을 만들어야 할 것이다. 이를 위해서는 대의민주주의의 한계를 넘어서는 새로운 제도와 기술이 필요하며 이러한 필요성을 느끼게 하고 가능성을 보여준 것이 인터넷의 발전이라고 평가할 수 있다.

정보화와 참여민주주의

대의민주주의의 한계가 노정되는 것과 참여민주주의의 확대는 동전의 양면과 같이 함께 나타나는 현상이다. 참여민주주의는 일반 시민들의 정책 결정 과정에 직접 참여 기회를 최대한으로 확대하고 보장하기 위해서 기존의 대의제 민주주의 제도에 직접민주주의적 요소를 대폭 도입한 민주주의의 한 유형이라고 할 수 있다. 참여민주주의는 기능별, 지역별 기초단위 내에서의 직접민주주의와 이들 기능별 집단의 대표와 전통적인 지역 대표에 의한 간접민주주의(또는 대의제 민주주의 내지 의회민주주의)를 결합한 것이라 할 수 있다.

따라서 참여민주주의가 실현된 사회에서는 작업장 민주주의(예, 노사 공동결정), 조직이나 단체 내의 민주주의, 주민자치에 기초한 지방자치, 국제기구(예, UN, IMF, World Bank 등)에 대한 민주적 통제 등이 이루어질 것이다. 참여민주주의사회에서는 직접민주주의와 대의제 민주주의(간접민주주의 또는 의회 민주주의)를 결합해야 하는 이유는 대의제 민주주의나 직접민주주의가 그 자체만으로는 인터넷을 비롯한 정보통신 매체가 발전한 정보화 사회에서 그 한계가 명백해 지고 있기 때문이다. 이러한 대의제 민주주의의 한계를 극복하기 위해서는 시민이 직접 참여하는 직접민주주의를 대폭 수용해야 한다. 직접민주주의를 도입할 경우 다음과 같은 이점이 있다.

첫째, 시민의 요구나 이익이 정책 결정과정에 반영될 수 있는 가능성을 크게 높일 수 있다. 둘째, 시민이 정책 결정과정에 직접 참여함으로써 갈등을 해소하거나 완화할 수 있고, 따라서 정치체제의 안정성을 보장할 수 있다. 셋째, 공동체의 의사결정에 직접 참여함으로써 다른 집단에 대한 이해심을 드높이고, 공동체에 대한 관심과 책임감을 높여줄 수 있다. 그리하여 자신의 행동에 책임을 질 줄 아는 민주시민을 양성하는 데 기여할 수 있다.

이처럼 대의제 민주주의의 한계로 말미암아 직접민주주의적 요소를 대폭 도입해야 하지만, 대의제 민주주의를 직접민주주의로 대체해서도 안 되고 또한 대체할 수도 없다. 그것은 다음과 같은 네 가지 이유 때문이다.

우선, 지리적 범위의 광범성이나 유권자의 천문학적 숫자에 따른 기술적인 한계점을 들 수 있다. 혹자는 정보통신기술의 혁신으로 지리적 수적 한계를 극복할 수 있다고 주장하지만, 완전히 극복하는 데에는 어려움이 많을 것으로 예측할 수 있다. 지방자치단체라는 소규모의 정치적 단위에서라면 가능성이 높겠지만 전국 단위에서는 특히 어려움이 많을 것이다.

'전자민주주의'조차도 대의제 민주주의의 직접민주주의로의 대체를 완전히 보장하지는 못한다고 본다. 왜냐하면 정보통신기술의 발달로 모든 시민이 직접 참여할 수 있다 하더라도 누군가가 어떤 문제를 직접 참여로 결정해야 할 사안인지를 결정하거나 선택지를 만들어야 하는데, 이러한 역할은 사적 개인에게 맡겨둘 수 없으며, 이는 시민에게 직간접적으로 책임을 지는 공적 기관, 이를테면 의회가 맡아야 하기 때문이다.

다음, 대부분의 시민은 자신의 생업에 쫓겨 자신의 생활영역에서 벗어난 문제, 특히 전국적인 문제나 자신의 이해관계에 직접 영향을 미치지는 않는다고 생각하는 문제에 대해서는 관심이 없거나 관심을 쏟을 시간적 여유가 제한되어있다는 점을 들 수 있다. 사회가 복잡해지고 해결해야 할 문제의 성격이 대단히 복잡해지고 전문적인 지식과 장기간의 검토를 필요로 한다. 이러한 한계에도 직접민주주의를 도입할 경우, 서구의 경험이 말해주듯이, 시민이 오판하거나 국민투표에 붙여진 사안에서 조직화되고 자금력이 뛰어난 집단의 의사가 주로 관철되고 관련 집단 간의 갈등이 오히려 심화될 가능성이 크다는 점을 고려해야 하기 때문이다.

셋째, 직접민주주의에 의존할 경우, 그리고 의사결정방식을 다수결로 할 경우, 영원한 소수의 약자를 만들 수 있다. 출신 지역이나 인종, 민족, 또는 (미국의 흑인의 경우처럼) 구조적으로 벗어나기 어려운 가난 등과 같은 인위적으로 바꿀 수 없는 조건 때문에 항상 소수로 남아 있는 집단은 합의제나 비토권 제도를 도입하지 않고 다수결의 원칙에 의해 의사를 결정할 경우 항상 패자가 될 가능성이 있다. 직접민주주의는 이 문제를 해결하기가 어렵다.

넷째, 공동체의 의사결정을 기능별 집단이나 지역 단위 내에서의 직접민주주의에만 의존하고 조직이나 집단 간의 갈등을 조정하거나 전체 사회와 관련된 문제를 심의하고 결정할 상위기구를 배제할 경우, 적어도 두 가지 문제점이 생길 수 있다. 우선, 기능별 집단 간이나 지역주민 간의 갈등이 극심할 경우 구심력보다 원심력이 강해 사회가 해체될 수도 있다. 다음, 소비에트에 의한 직접민주주의만을 강조하고 상위 단위에 대한 민주적 통제가 가능하게 하는 제도적 장치를 마련하지 않은 구 소련의 경우처럼, 기술관료에 의한 독재를 초래할 수 있다. 이처럼 직접민주주의로서도 해결할 수 없는 중요한 문제도 많기 때문에 대의제 민주주의적 요소를 완전히 던져버릴 수는 없다.

따라서 대의제 민주주의의 핵심적 제도인 정당도 완전히 거부할 수는 없는 것이며 정치과정에서 일정한 역할을 할 수밖에 없을 것이다. 만약 유권자와 점차로 거리가 멀어지고 있는 현재와 같은 형태의 선거정당이 한계가 있다면, 새로운 정치조직이 이를 대체해야 하겠지만 현재와 같은 정당과는 전혀 다른 성격을 가진 조직은 아닐 것이다. 그것은 독일의 녹색당이나 여타의 새로운 정치실험이 보여주었듯이, 초기에는 조직구조나 내부운영방식이 기존 정당과는 완전히 달랐으나, 선거를 몇 차례 치르면서 기존의 정당과 유사하게 되어버렸기 때문이다.

이처럼 대의민주주의의 한계가 명백히 드러나고 있는 반면 정보통신기술의 발전으로 전자민주주의적인 직접민주주의의 가능성도 배제할 수는 없지만 직접민주주의의 현실적 한계로 인해 불가피하게 대의민주주의와 직접민주주의의 결합 형태인 참여민주주의가 새로운 민주주의의 형태로 자리 잡고 있다.

그래서 현실의 참여민주주의는 결정권을 분산시켜 결정권이 소속된 곳-작업장 민주주의, 조직이나 단체 내의 민주주의, 주민자치에 기초한 지방자치, 국제기구(예, UN, IMF, World Bank)-에 그것을 이관하는 것으로 나타나고 있다. 이것은 단순히 지도자를 바꾸는 것이 아니라 정치적 마비 상태에 대한 해독제라고 할 수 있다. 이런 참여민주주의의 확대는 인터넷을 비롯한 정보통신 매체의 발전으로 개인과 단체의 의사소통, 의사표출이 보다 자유로워진 정치적 환경 조성에 힘입은 바가 크다고 할 수 있다.

정보화와 개인

  인터넷의 발전으로 개인의 정치참여 방식에 변화가 오면서 시민 개개인의 정치적 중요성이 어느 때보다 중요해지고 있다. '투입-산출'의 정치과정을 가지고 있는 나라에서나 이와 반대로 '산출-투입'의 정치과정을 가지고 있는 나라에서나 정치과정에서 작용하는 최하위의 기본단위는 개인이다. 그러나 모든 개인이 정치적 영향력에서 평등한 것은 아니고 그들의 참여 형태가 같은 것도 아니었다.
  인터넷과 같은 정보통신 매체의 발전이 있기 전에는 정치과정에서 일반적으로 개인의 역할은 미미할 수밖에 없었다. 다양한 개인의 정치적 이해는 정당을 비롯한 대의기구에서 집약하고 표출하기 때문에 정당의 엘리트나 지도자가 아니면 정치과정에서 의미 있는 활동이 불가능했다. 엘리트가 아닌 일반인들의 정치참여라고 해봐야 정치단체의 회원으로서 집회에 참석하거나 선거운동에 참여하는 정도일 뿐이었으며 그것도 개인의 이름으로 행해지는 경우는 거의 없었다. 공산주의 국가에서는 일반인의 정치 참여는 그 수는 훨씬 많지만 그 경우에도 개인의 이름으로 일반인이 정치나 정책에 관한 발언, 의사표현을 하거나 활동을 하는 경우는 극히 드물고 대부분 공산당원이나 청년동맹, 직업동맹 같은 조직의 일원으로서 참여했을 뿐이었다. 따라서 인터넷의 발전을 핵심으로 하는 정보화사회 이전의 정치과정에서 정치 엘리트를 제외한 일반인의 정치적 역할은 거의 없었다고 할 수 있다.

그러나 인터넷이 정치과정에 도입되어 전자민주주의의 가능성이 현실화되고 있는 지금은 개인의 정치적 활동이 매우 활발해지고 있으며 그 영향력 또한 커지고 있다. 정부의 각 부서, 신문·방송 같은 언론기관, 지방자치단체의 홈페이지에는 정부 정책이나 언론기사, 지방자치단체의 정책에 대한 시민 개개인의 다양한 의견이 봇물처럼 쏟아지고 있다. 이들의 의견은 여론을 형성하여 정책 결정에 중요한 영향을 미치게 되었다. 지방자치단체의 의견 제시란에 사소한 불편부당 사항이라도 게시되면 이것은 순식간에 인터넷에 접속하는 모든 사람에게 알려질 수 있기 때문에 관련 부서에서는 개인이 직접 방문해 민원을 제기하는 경우보다 훨씬 신속하게 처리되고 있다. 특정한 정책에 대한 의견이 게시되면 곧바로 반대의견이 제시되어 인터넷 공간은 공론을 형성하기 위한 토론장으로 변모되기도 한다.

이처럼 인터넷을 통한 의사소통에서 개인의 영향력이 커진 것은 인터넷이 단순히 1대 1 의사소통만 이루어지는 것이 아니라 1대 다수의 의사소통이 자연스럽게 이루어질 수 있기 때문이다. 한 사람이 아는 정보는 그것이 인터넷 공간에 등장하는 순간 만인이 공유하는 정보가 되어버리고 한 사람의 주장은 아주 짧은 시간에 많은 지지자를 끌어모을 수 있을 정도로 빠르게 전파되는 능력을 인터넷은 부여하고 있다.

그러므로 인터넷을 기반으로 하는 정치과정이 확립되어 있는 정보화사회에서 개인의 정치적 중요성은 과거와는 완전히 달라지게 되었다. 특히 지방자치단체에서는 인터넷 홈페이지에 접속해 주민생활과 관련되는 민원제기를 컴퓨터 자판의 간단한 조작으로 쉽게 할 수 있게 되었을 뿐만 아니라 개인의 민원제기를 인터넷에 접속하는 많은 사람들이 자연스럽게 공감하고 지지할 수 있도록 되었고 이는 다른 정치참여 과정에서도 마찬가지로 나타나고 있다. 인터넷을 통한 개인의 정치적 의사표현, 정책에 관한 의견제시는 군중이 시위나 데모를 하는 것과 같은 효과를 보여주고 있다.

그만큼 인터넷을 기반으로 하는 정치적 의사소통으로 인해 개인의 정치적 중요성은 집단이나 단체에 비견할 만큼 성장한 것이 현실이다. 인터넷의 발전으로 나타난 정치과정에서의 변화 가운데 가장 현저하고 중요한 의미를 지니는 것이 바로 개인의 정치적 중요성 부각일 것이다.

정보화와 시민운동

 인터넷의 발전과 이를 기반으로 하는 정치과정이 개인의 정치적 중요성을 부각시킨 것과 같은 맥락에서 시민운동의 영향력이 더욱 확대되었다. 1990년대 이전까지만 해도 시민단체라는 이름으로 활동하는 단체는 거의 없었다. 1987년 민주화의 결과로 국가의 통제하에 있던 신문·방송 등의 언론매체가 자유로운 보도를 할 수 있는 환경이 조성되었고, 국가권력이 사회의 모든 영역을 감시, 통제하던 분위기가 사라지고 국가의 통제를 받지 않는 사회영역이 확대되었다. 이러한 자율적인 영역에서 국가권력에 맞서 싸우던 재야 민주화 운동과 다른 자유로운 활동을 하는 단체들이 형성되기 시작하였다. 이들은 국가권력에 직접 도전하지는 않았지만 권력에 대한 감시활동, 대안 제시 활동을 합법적으로 전개했다.

 시민운동은 주로 화이트칼라 및 자영업자, 지식인, 학생, 종교인, 주부 등 중산층들이 시민사회의 내적인 목표들을 중심으로 자율적이고 합리적인 방법을 통해 점진적인 제도 개선을 추구하는 운동이라 할 수 있다. 즉 시민운동은 정치적인 성향을 나타내기보다는 사회 구조적 문제의 개선에 주안점을 두고, 캠페인, 시민 홍보, 강연회, 서명운동 등을 통해 전개되어 왔다.

일반적으로 시민참여운동은 특정한 사회적 또는 정치적 목표를 지향하고 있는 정당 활동, 이익집단, 노동운동 혹은 민중운동과는 구별된다. 특히 한국에서 1987년 이후 시민사회에 대한 논의와 민주화라는 과제의 해결을 위해서 시민운동의 중요성이 나타나기 시작했고, 이에 따라서 시민참여운동이 활성화되기 시작했다. 이에 따라 참여연대, 경제정의실천시민연합(경실련), 환경운동연합, 소비자를 위한 시민의 모임 등 각종 시민단체가 설립되고 활발한 활동을 전개하기 시작했다. 이들 시민운동단체는 건전한 사회발전을 위한 공공이익의 추구를 전제로 건전한 정책 대안을 제시하고 합리적인 사고와 행동을 바탕으로 사회를 변화시키려는 노력을 추구함으로써 사회 구성원들로부터의 상당한 지지를 받게 되었다.

시민사회는 다양한 가치와 지향을 기반으로 하는 연대를 매개로 형성된다. 연대는 시민사회의 다양한 욕구를 충족시키고 목적을 달성시키는 도구이면서 동시에 권력이나 화폐와 마찬가지로 그것의 매개성 때문에 그것을 구성하는 각 부분에 대해 강제력으로도 작용할 가능성이 있는데, 바로 시민사회의 연대가 보다 용이하게 할 수 있도록 해주는 것이 바로 인터넷을 기반으로 하는 의사소통, 의사표출이라 볼 수 있다. 정부부처나 지방자치단체와 마찬가지로 시민운동단체들도 자신의 홈페이지를 개설해 놓았는데, 이를 통해 회비 수납, 회원 가입, 회원 간 의사소통, 정보교류는 물론 단체를 일반 시민들에게 알리는 홍보수단으로도 활용하고 있다.

특히 시민단체의 특정한 활동에 대한 치열한 찬반 논란이 벌어져 여론형성에 한몫을 하는 것 또한 인터넷 홈페이지다. 인터넷 홈페이지가 없었다면 시민단체가 제기하는 특정한 이슈에 대한 시민들의 관심도를 측정해 볼 수 있는 수단이 없기 때문에 시민운동단체들이 기성 언론매체의 보도에만 의존하게 될 텐데, 인터넷 홈페이지로 인해 시민들의 반응을 직접 확인할 수 있게 된 것은 시민운동단체가 성장하고 활동을 유지하는 큰 동력이 되었다. 전문가 중심의 시민단체들이 거리에 나가지 않고도 시민들의 참여와 관심을 이끌어 낼 수 있도록 만들어 준 기반이 인터넷 홈페이지라고 할 수 있다. 초고속 통신망을 비롯한 인터넷 기반이 우리 사회에 확대되고 이용자가 급증했기 때문에 시민운동단체의 주장이나 우리 사회 소수의 주장도 빠르게 널리 확산될 수 있는 것이다.

21세기 우리 사회에서 시민운동단체의 성장 과정은 인터넷의 발전과 확산을 배제하고는 이해하기 어려울 정도로 인터넷이 시민운동의 영향력 확대에 크게 기여했다고 평가할 수 있다.

정보화와 여론형성

 인터넷의 발전이 정치참여 과정에 매우 큰 변화를 가져올 수 있었던 것은 인터넷이 기존의 신문이나 방송처럼 일방적인 정보전달 수단이 아니라 쌍방향의 의사소통을 원활하게 해준다는 데 가장 큰 원인이 있었다고 하겠다. 쌍방향 의사소통 과정 자체도 그것이 비록 일 대 일의 의사소통일지라도 그 과정이 대부분 다중에게 공개되기 때문에 사실상 일 대 다수, 다수 대 일의 의사소통이 자유자재로 가능하게 된 점이 가장 큰 변화요인이 된다. 기존 신문·방송의 일방향 의사소통, 일방적인 정보의 전달은 강한 권력이 이를 통제하거나 조작할 수 있는 여지가 많지만 인터넷을 이용한 의사소통은 권력에 의한 통제나 조작에 어려움이 많다. 설령 일부를 통제하고 조작할 수 있다고 하더라도 통제할 수 없는 영역이 너무나 크기 때문에 통제의 의미가 없어지고 만다.
 민주주의 사회에서 자유로운 의사소통에 기반을 둔 여론은 정치과정에 큰 영향을 미친다. 여론이란 어떠한 현상이나 정치적 문제 등에 대해 국민들이 나타내는 공통된 의견이라 할 수 있는데 인터넷에 기반을 둔 여론형성이 가능해진 오늘날에는 여론형성 과정도 과거와 크게 달라지고 있다. 과거에는 특정한 사회현상에 대한 여론의 형성이 대체로 신문이나 방송의 보도로 사실이 대중에게 알려지고 그 사실에 대한 대중의 반응이 신문이나 방송에 의해 다시 보도되는 과정을 반복하면서 이루어졌다. 이러한 여론형성 과정에서는 방송이나 신문의 영향이 절대적이었다. 보도하는 언론매체의 의도나 시각이 사실 보도에 영향을 미치게 되면 결국 이를 통해 형성되는 여론도 큰 영향을 받았다.

이 과정에서 대중, 국민은 여론형성의 주체가 아니라 엄밀히 말하면 객체가 되었다. 사실의 전달이나 여론의 형성에서 주체적으로 나서는 것이 불가능한 위치에 있었다. 언론이 일방적으로 전달하는 정보를 바탕으로 생각할 수밖에 없는 위치에 있기 때문이다. 특히 권위주의 정권에서는 사실의 왜곡과 여론의 왜곡이 많이 시도되었고 이것은 통치의 중요한 수단이 되었다. 하지만 인터넷과 같은 쌍방향 의사소통에 기반을 둔 통신매체가 등장함으로써 여론형성과정이 크게 변하고 있다. 먼저 대중에게 특정한 현상이나 사실이 전달되는 것도 신문·방송 같은 기성 언론매체보다 인터넷을 통한 자연발생적인 사실의 전달이 이루어지는 경우가 점점 더 잦아지고 있다. 기성 언론의 거대한 취재망으로도 포착할 수 없는 많은 사건과 사실이 인터넷 공간에서 전달되고 정보의 형태로 유통되고 있다. 그러니 여론의 형성에서도 과거처럼 신문·방송의 영향도 받겠지만 대중의 자발적이고 자생적인 의사소통에 의한 방식이 보편화되고 있다. 인터넷 공간에서 유통되는 정보가 도리어 이제는 신문·방송의 취재감이 되고 있는 것이다. 이처럼 자발적으로 사실이나 현상이 대중에게 유통이 되고 이를 토대로 여론이 형성되고 있으므로 권력이나 금력이 여론을 통제하거나 조작하는 것이 불가능하게 되었다.

앞으로는 인터넷을 통해 사실이 전달되고 이를 통해 여론이 형성되면 이를 또다시 기성 언론이 보도하는 과정이 반복됨으로써 여론이 형성될 것이다. 인터넷은 이처럼 우리 사회의 여론형성과정을 근본적으로 바꾸어놓고 있다.

공룡의 운명, 기성 언론

　중생대에 번성한 대형 파충류의 한 무리 디노사우르(dinosaur)는 1842년 영국의 고생물학자 리처드 오언(Richard Owen)이 명명한 것인데, 동양에서 이를 공룡이라고 번역한 것이다. 공룡이 화석 형태로 생존의 흔적만 남기고 멸종한 원인에 대한 설명은 매우 다양하다. 이를 외적 요인과 내적 요인으로 구분해 보면 다음과 같다.
　먼저 외적 요인을 살펴보면, 이 무렵 지구에서는 알프스 조산운동(造山 運動)이 시작되고 해류 분포가 변화해 기후도 한랭화될 조짐이 있었으며, 이미 백악기 중기에서부터 속씨식물이 증가하는 등 환경변화가 뚜렷해졌다. 내적 요인으로는 공룡 등 동물계에서는 형태, 형질의 특수화가 진행되어서 새로운 환경에 적응하지 못해 생존이 어려웠기 때문이라고 한다. 다시 말해 중생대에서 번성하던 대형 파충류인 공룡은 자연환경의 변화에 제대로 적응하지 못했기 때문에 멸종하고 말았다.

공룡의 멸종을 흔적으로나마 보면서 인류의 운명과 사회 각 부분의 운명에 대해서 생각해 볼 수 있다. 급변하는 환경에 적응하지 못하면 그 어떤 힘 있는 존재도 멸망의 운명에 처할 수밖에 없게 될 것이라는 점이다. 지금까지 우리 사회에서 언론의 힘은 '무관의 제왕'과 같은 절대적인 힘을 휘둘러 왔다. 그것은 언론이 사회의 여론을 형성하고 이를 전파시키는 유력한 수단이었기 때문이었다. 신문이나 방송에 나오지 않는 사실은 존재하지 않는 것과 다름없이 사람들의 관심을 끌지 못해 쉽게 잊히게 되었다. 반면에 아무리 작은 문제라도 신문이나 방송에 나오게 되면 사회 문제가 되고 이에 관한 여론이 형성되어 중요하게 취급되었다. 이러한 여론형성기능이야말로 언론이 힘을 휘두를 수 있는 바탕이 되었다.

그리고 우리 사회의 특정 세력(권력, 재벌, 언론)이 잘못이나 부정한 일을 저지르게 되면 담합을 해 이를 덮어주면 아무 일 없는 듯 지나가게 된 일도 많이 있었다. 지난날 군사정권이 언론을 통제하고 탄압한 것은 언론을 통제하면 국민의 눈을 가리고 속일 수 있었기 때문이었다.

언론을 둘러싼 이러한 환경은 크게 달라지지 않았다. 오히려 권력으로부터 어느 정도 자유로워진 언론은 스스로 더욱 힘 있는 권력으로 성장하고 있는 듯하다. 그러나 나뭇잎이 지는 걸 보고 천하의 계절이 변하는 것을 알 수 있는 법이다. 최근 우리 사회에는 매우 특징적인 사건이 연발하고 있다. 신문에 보도되지 않았던 사건이 전 국민의 화제에 오르내리는가 하면 이에 관한 강력한 여론이 형성되어 큰 영향력을 발휘하게 되는 경우를 자주 목격하게 된다.

예를 들면, 지난 1999년 5월 광주에서 386 정치인들이 술판을 벌여서 국민들에게 실망과 분노를 안겨준 적이 있는데 이것이 국민에게 알려지게 된 계기는 언론에 보도되었기 때문이 아니라 임수경이라는 개인이 인터넷에 잠시 자신의 글을 띄웠기 때문이었다. 이것이 순식간에 통신공간에 확산되었고 이는 모든 사람이 알게 된 사건이 되고 말았다. 기성 언론이 먼저 여론을 형성하지 않아도 국민들은 사실을 알게 되는 것이다.

또한 몇 년 전 어느 날 통신공간을 달구었던 문화방송 최모 기자의 남대문경찰서 난동 사건도 있다. 이 또한 과거 같으면 상상할 수 없는 방식으로 여론이 형성되었다. 남대문경찰서의 한 형사가 인터넷에 띄운 글이 걷잡을 수 없이 확산되고 있었던 것이다. 경찰 수뇌부와 문화방송 수뇌가 합의해도 통제할 수 없이 빠른 속도로 국민에게 알려지게 되어 잘못되었던 일이 바로잡히고 있는 것이다.

포항에도 그러한 일이 있었다. 2000년 말, 의사들의 파업과 시의회 행정사무감사 기간에 정장식 시장이 일본 대마도에 포항의 여러 기관장과 함께 간 적이 있었는데 포항의 유수 언론들은 이를 전혀 보도하지 않았다. 그러나 이러한 사실이 통신공간을 통해 급속하게 시민들에게 알려지고 이에 대한 비판여론이 형성되기 시작해 결국 정장식 시장은 공식적으로 사과하지 않을 수 없는 상황이 되었다.

위의 몇 가지 사례 외에도 이제 세상에 일어나는 여러 가지 사건 가운데 영원히 숨길 수 있는 일은 없어지게 되었다. 진실을 보도하지 않거나 침묵하는 언론이 이제 설 자리가 없어지게 된 것이다. 국민 개개인들이 자신의 의견을 대중을 향해 개진할 수 있는 수단을 가지게 되었기 때문이다. 기성 언론이 보도하지 않아도 국민은 알 수 있는 수단을 가지게 된 것이다. 이제 아무도 국민을 속일 수 없다. 텔레비전, 신문 등 기성 언론을 아무리 통제해도 이제는 국민을 속일 수 없게 되었다.

그런데도 시대의 변화를 인식하지 못하는 사람들이 있는 것 같다. 아직 언론에 종사한다는 것을 대단한 권력을 가진 양 행세하는 언론인들이 있기 때문이다. 이제 언론이 민중의 목탁 역할을 하던 시대는 지나갔다. 이제 민중은 제각각 자신의 목탁을 가지고 자신의 소리를 낼 수 있다. 언론이 국민의 감시 대상이 될 수 있는 상황이 조성된 것이다. 언론사도 이러한 변화에 적응하지 못하면 공룡의 운명을 맞이할 수 있다.

허대만

허대만을

생각한다

지역과 나라의 미래를 고민하는 정치가

김부겸(전 국무총리)

허대만 동지가 우리 곁을 떠난 지 벌써 3년이 되었습니다. 지금도 그를 기억하는 수많은 허대만이 있습니다. 저도 그중 한 사람입니다. 전국 각지에서 진영을 넘어 허대만의 마지막 길을 슬퍼하던 모습이 눈에 선합니다. 그의 빈자리를 무엇으로 채울 수 있을까요? 그가 떠나며 우리에게 남긴 일은 무엇일까요? 그가 떠나기까지 붙잡은 가치는 어떤 것이기에 이토록 울림이 깊은 것일까요? 그의 일생을 다시 추억합니다.

"정치꾼은 다음 선거만을 걱정하고, 정치가는 다음 세대를 생각한다"고 합니다. 고향을 사랑했던 허대만은 눈앞의 당선보다 지역과 나라의 미래를 고민하는 정치가였습니다. 26살에 시의원에 당선되었던 그는 장래가 촉망되는 인물이었습니다. 하지만 영광은 거기까지였습니다. 지역주민을 볼모로 삼는 정치는 단호히 거부했습니다. '호남에서 콩이면 영남에서도 콩'이라는 노무현 대통령의 말을 그대로 실천해왔던 사람입니다. 포항을 떠나지 않고 7번 선거에 나갔지만 모두 낙선했습니다. 원망도 낙심도 하지 않았습니다. 이루 말할 수 없는 어려움 속에서 정치를 하면서도 결코 고향에 대한 희망과 믿음을 포기하지 않았습니다.

그는 거듭되는 낙선을 훈장 삼아 자신의 열정만 앞세우는 데 그치지 않았습니다. 원외 정치인이지만 지역에서만 활동하는 것을 넘어 정치와 행정 경험을 쌓기 위해 부단히 노력했습니다. 지역과 나라를 위해 헌신하려면 그에 걸맞은 역량이 필요하다는 점을 너무나 잘 알고 있었던 것입니다. 번듯한 직함 이전에 자신이 할 수 있는 역할에 충실했습니다. 포항의 미래를 걱정하며 '포스트 철강'을 찾는데 고심했습니다. 그를 아끼는 주변 선후배들이 이제 그만하자고 말릴 때 내놓은 답이었습니다.

오랫동안 포항과 전국을 누비며 쌓은 역량은 위기에서 빛을 발했습니다. 2017년 11월, 포항에 지진이 발생했을 당시, 재난을 수습하던 과정이 기억납니다. 저는 행정안전부 장관으로 일했고 허대만 동지는 장관 정책보좌관이었습니다. 수능시험을 하루 앞두고 긴박하게 연기 여부를 결정해야 했습니다. 현장의 목소리와 실태를 가감 없이 파악하지 않으면 더 큰 혼란이 불가피했습니다. 행안부 장관 정책보좌관이었던 그는 침착하게 임무를 수행했습니다. 보편적인 기준을 갖고 부단히 지역주민들의 애환을 나누었던 사람이었습니다. 그의 도움이 있었기에 국민적 가치관과 부합하는 결정을 이끌 수 있었습니다.

포항에 도움이 되는 일이라면 여야의 입장을 초월하는 모습도 잊을 수 없습니다. 포항지진특별법 제정을 위해서 동분서주한 것은 아는 사람만 아는 사실입니다. 제도 시행 후 지역의 국회의원들이 성과를 자랑할 때 그는 전혀 생색을 내지 않았습니다. 험지에서 고생했으니 호의를 베풀어달라는 식으로 접근하지도 않았습니다. 밭을 탓하지 않고 우직하게 외길을 걸었던 '바보'는 세상을 뜨고 나서야 세간에 알려졌습니다. 저는 그 점이 못내 야속하기까지 합니다.

지역주의는 여전히 강고한 벽입니다. 기성질서를 깬다는 건, 주체의 노력도 노력이지만 제도의 변화가 뒷받침되어야 합니다. 경쟁력 있는 인물이 유권자의 선택을 받기 위해 나서지만 의미 있는 득표율만 올릴 뿐 민심을 담는 데는 한계를 보입니다. 허대만 동지가 고향에서 지역주의 극복을 위해 안간힘을 쓰다 끝내 병마에 지고 만 이유도 거기 있습니다.

정치 일선에서 물러났던 저는 지역주의 극복과 통합의 정치를 향한 발걸음을 다시 떼고 있습니다. 허대만 동지가 세상을 떠나며 남긴 일을 미루어둘 수 없었기 때문입니다. 허대만을 추억하며 남은 자의 역할을 되새깁니다.

우리 정치가 극복해야 할 과제가 많습니다. 민심을 온전히 담지 못하는 '승자 독식 정치', 우리 잘못에는 눈감는 '내로남불 정치', 민생 현실과 동떨어진 '소모적 대결 정치'가 그것입니다. 허대만은 떠났지만 허대만의 꿈은 제 가슴 속에 남아 있습니다. 그가 살아서 가보지 못한 나라, 저와 남은 동지들이 함께 만들어가겠습니다.

지방자치의 상징과 같은 인물

김두관(전 국회의원)

다시 허대만의 시간이 돌아왔습니다.

대한민국에서 기억되어야 할 수많은 역사와 인물이 있다면 지방자치 편에서 빼놓을 수 없는 사람이 허대만이라는 사실을 모르는 분들은 없을 거라 생각합니다. 허대만의 출마 이력은 그의 욕심이 아니었습니다. 노무현이 그토록 깨고자 했던 지역주의의 벽을 허물고자 온몸을 던진 허대만 동지의 몸부림이었습니다. 소리 높은 아우성이었고 울림 깊은 깃발이었습니다.

허대만 동지가 떠난 후 그의 삶이 알려지면서 큰 울림을 주었습니다. 경북에서 민주당 깃발로 7번이나 도전하고도 끝내 꿈을 이루지 못한 허대만은 한국 지방자치 역사에서 빼놓을 수 없는 인물이자 그를 통해 앞으로 우리가 무엇을 해야 하는지 여실히 보여주는 지방자치의 상징과 같은 인물이라는 점은 누구도 부정할 수 없는 일입니다.

그래서 권역별 비례대표 도입을 골자로 하는 공직선거법 개정안(일명 허대만법)을 만들어 제가 대표발의했지만 부끄럽게도 이 논의는 사실상 중단되었습니다. 고인 앞에 송구스러운 따름입니다. 저는 개헌을 통해 7공화국을 열고 선거법 개정을 통해 현재의 정치 구도를 바꾸지 않으면 대한민국은 위기를 향해 달려갈 수밖에 없다고 외쳤지만 힘을 모으지 못했습니다. 안타깝습니다.

올해가 지방자치 30주년입니다. 전국동시지방선거를 치른 지 30년이 되었다는 말이고 내년이면 9번째 전국 동시선거를 치릅니다. 아마 허대만 동지가 살아 있어 경북도지사에 도전하는 모습을 봤더라면 얼마나 좋았을까, 또 시도가 성공하는 기적을 보여줬으면 지방자치 30년에 걸맞은 혁명과도 같은 일이었을 거라고 생각합니다.

허대만 동지가 꿈꾼 새로운 대한민국의 참된 지방자치가 이뤄질 날이 언제일까 생각해 봅니다. 아직 멀지만 포기할 수 없는 길이기에 허대만 동지의 뜻을 기억하는 모든 사람이 다시 한번 허대만 정신을 일깨웁시다.

허대만 동지 3주기를 맞아 뜻있는 일에 앞장서준 동지들께 진심으로 감사드립니다. 여러분들의 작은 노력이 대한민국의 지방자치를 굳건히 세우는 반석이 될 것임을 확신하면서 이제 시작하는 새로운 대한민국의 성공을 위해 모두의 힘을 모아 나갑시다.
감사합니다.

휴머니스트 허대만을 그리며

안민석(전 국회의원)

허대만은 포항사람이다. 포항사람 허대만은 평생을 지역주의와 온몸으로 맞선 대한민국의 대표적 정치인이다. 당파적 이익과 자신의 재선과 안일을 추구하는 정치판에 허대만처럼 시대정신을 실천한 정치인은 흔치 않다. 아침이슬처럼 맑고 순수했던 허대만 동지. 누구도 그처럼 살며 헌신할 수 있을까? 많은 이들이 그의 삶과 투쟁을 경외하는 이유다.

허대만은 포항이고 포항은 허대만이었다. 포항에 가면 허대만을 찾거나, 허대만을 보기 위해 포항을 찾았다. 여느 민주당 정치인처럼 나 역시 둘 중 하나였다. 포항 하면 떠오르는 허대만 이름 석 자. 그가 없으니 포항 갈 일도 없어졌고 그가 떠난 포항은 텅 빈 느낌이다. 그의 빈자리가 너무 크다. 보고 싶다 허대만 동지.

그의 요청으로 오래전에 포항시 더불어민주당 명예 지역위원장을 맡은 것은 나의 정치활동 동안 행운이었다. 포항을 오가며 우리는 더욱 친하게 지냈고 호형호제하는 사이가 되었다. 그는 포항 민원을 싸들고 국회도 수시로 찾아왔다. "대만아~" 하고 부르면 "형님"이라 했으니 정치하면서 인간적으로 신뢰와 친분을 쌓은 흔치 않은 인연이다. 허대만 동지 덕분에 TK 정치인도 많이 알게 되어 지금까지 정을 나누고 있다. 내가 대선 때마다 대구경북에 유난히 많은 애정을 쏟은 것도 허대만 때문이었다. TK '넘사벽'에 도전한 불굴의 정치인 이전에 출중한 인간미를 갖춘 휴머니스트 허대만을 좋아하고 존경한다. 정치인 이전에 휴머니스트 허대만이 그립다. 정글 같은 정치판에서 허대만을 욕하거나 나무라는 사람을 본 적이 없다. 그는 늘 겸손했고 상대를 존중했다. 그러나 자존을 지키고 소신을 지키는 선비 같은 정치인이었다.

허대만 동지의 포항 사랑은 유별났다. 야당 정치인으로서 힘들게 거둔 성과도 여당 시장과 나눌 줄 아는 넉넉한 품을 가졌다. 허 동지를 떠나보내는 추모식장에 여당 소속 시장이 참석하여 함께 작별을 고한 이유가 있었을 것이다. 나는 10여 년 전 허 동지의 요청으로 포항 소재 작은 대학의 민원을 해결하였고, 어느 사립 고등학교 예산도 도운 적이 있다. 그가 지역주민을 대하는 겸손한 태도와 지역주민의 그에 대한 신뢰를 느끼며 수도권 정치인으로서 부끄러운 적이 있다. 수도권이나 호남 출신의 현역 의원들이 연고가 있는 영남과 강원지역 원외 지역위원회 한두 곳씩 맡아 교류하는 더불어민주당 협력의원단 제도는 나의 포항 명예위원장 경험에서 비롯되었다.

허대만의 좌절은 대한민국 정치의 좌절이다. 지역주의 벽을 깨는 쉼 없는 도전에도 불구하고 번번이 실패했다. 20세기에 노무현의 도전이 있었다면 21세기에는 허대만의 도전이 있었다. 노무현보다 더 무모한 도전이었다. 노무현은 종로를 거쳐 부산을 기반으로 실패와 성공을 거듭한 끝에 대권을 잡았지만 허대만은 포항 한 곳만을 고집했기에 노무현처럼 성공하지 못했다. 허대만이 '넘사벽'을 피해 진작에 수도권으로 날아갔다면 아프지도 않았고 지금쯤 대한민국 정치 지도자로 자리매김되었을 것이다. 그러나 그는 포항과 포항 시민을 배신하지 않았고 아름다운 도전을 운명이라 여기며 번번이 고배를 마셨다. 지역주의 타파를 위해 헌신했던 바보 노무현보다 더 바보스러운 허대만으로 평가하고 싶다. 그는 굳건한 신념으로 단 한 순간도 한눈팔지 않았고 꼼수를 부리지 않았으니 바위 같은 정치인이다. 그래서 허대만은 거룩하다. 사랑하는 가족을 두고 일찍 저 멀리 떠난 것은 대한민국 최고의 휴머니스트 정치인이 치러야 할 대가였는지 모르겠다.

허대만 동지는 문재인 정부 시절 청와대 근무 경험을 갈망했으나 기회를 얻지 못했다. 야속했고 참으로 애석했지만 허대만답게 누굴 탓하거나 비난하지 않았다. 김부겸 행정안전부 장관 정책보좌관으로 근무한 후 울산의 어느 공공기관에서 일할 때 그가 가장 행복한 시절이었다. 실제 허 동지는 그때 일하는 재미가 있다고 여러 번 말했다. 내가 울산에 있는 그의 사무실을 방문했을 때 그는 행복해 보였고 마음을 비운 듯했다. 그날 밤 비 오는 감포 바닷가 식당에서 우수에 젖은 그의 표정을 지금도 잊지 못한다. 건강이 염려되어 더 이상 출마하지 말라고 했는데 21대 총선에 출마했고 또 실패한 후 사랑하는 이들의 곁을 떠났다. 바보 허대만!

허대만 동지가 포항이 아니라 수도권에서 출마했다면 이미 중진 국회의원의 관록을 쌓아 대한민국 대표 정치인이 되었을 것이라고 보는 이가 많다. 나도 동감이다. 휴머니스트 허대만은 자신의 야욕과 이기심보다 명분과 원칙을 지키다 우리 곁을 일찍 떠났다. 지역주의 타파를 평생 온몸으로 실천하며 원칙과 명분이 사라진 대한민국 정치에 큰 교훈을 남겼다. 가끔이라도 정치인들이 허대만의 삶을 들여다보고 배우려 한다면 스스로와 정치 발전에 보탬이 될 것이다. 그는 죽지 않고 우리 곁에 부활하여 지역주의 타파와 원칙과 명분의 정치를 갈망하고 있다. 산자들이 그가 못 이룬 뜻을 의연히 이어갈 것이다. 편히 쉬게나.

휴머니스트 허대만이 그립다.

우리는 그에게 빚이 있다

임미애(국회의원)

한 사람의 삶을 기억한다는 것은 어렵고도 놀라운 일이다. 특히 그가 우리 사회의 첨예한 갈등과 반목이 이뤄지고 있는 정치판에서 자신의 인생 전체를 쏟아부은 사람이라면 더더욱 그렇다. 허대만 동지는 우리에게 경북 민주당의 상징으로 여겨진다.

내가 그를 처음 만난 건 2008년 총선 때로 기억된다. 당시 경북에서 드문 열린우리당 후보로 기초의원에 당선된 상황에서 지역위원회 직무대행을 맡고 있을 때였다. 조용한 성품의 그는 이마에 '나 성실맨'이라 써 붙인 것처럼 첫인상이 전형적인 모범생이었다. 나는 농업을 기반으로 하는 북부권에서, 그는 철강산업의 도시 포항에서 각자의 활동으로 지역민들에게 민주당을 보여주고 있었다.

경북이라는 이 넓은 땅덩어리를 당세도 약한 상황에서 우리는 일당백의 역할을 해야 했고 멀리서 들려오는 소식만으로도 서로에게 위로가 되고 힘이 되는 존재였다. 2017년 촛불항쟁으로 치러진 조기 대선에서 문재인 정부가 들어섰을 때 그는 행정안전부 장관의 정책보좌관으로 임명되었다. 그때 나는 너무 기뻐 마치 내 수고로운 삶이 보상받는 느낌이었다. 행안부 장관의 정책보좌관은 그에게 딱 맞는 역할이었다. 누가 그보다 더 균형발전에 대한 신념과 철학이 확고했을 것이며 누가 더 그보다 의지력이 있었을까. 그는 드디어 물 만난 고기 같았다.

우리는 그가 그 자리에서 더 많은 성과를 내주길 바랐다. 수도권 일극주의에 맞서는 지방의 목소리를 들려주길 바랐다. 그런데 그는 다음 해 다시 포항시장 선거에 도전했다. 모처럼 물 만난 고기가 물을 떠나 다시 패배가 불 보듯 뻔한 선거에 뛰어들 때 그의 마음을 나는 아직 짐작할 수 없다.

자리가 필요했던 것이 아니라 일할 기회가 필요했던 사람. 권력이 필요했던 것이 아니라 책임질 권한이 필요했던 사람인데. 그는 정책보좌관 자리를 떠나 다시 현장으로 돌아왔다. 그리고 그가 얻은 득표는 42.4퍼센트였다. 다시 낙선.

일반적으로 이런 상황이면 많은 사람들은 출마를 주저한다. 경북이 그리 쉽게 민주당에게 곁을 내주지 않는다는 걸 알기 때문에 더 많은 경력을 쌓아 다음 선거에 도전하기를 선택하는데 그는 그리하지 않았다. 지남철이 쇳가루를 끌어당기듯 포항은 그를 끌어당겼고 그는 주저 없이 포항시민들 곁으로 돌아갔다. 나 역시 이때 경북도의원 선거에 출마해 '35, 33, 32'라는 어마어마한 긴장감이 도는 득표로 당선되었다.

2020년 총선에서 그가 아픈 몸을 이끌고 민주당원으로서 마지막 소임을 마쳤을 때 그의 창백하고 쓸쓸했던 모습을 기억한다. 투표 당일 그가 보고파서 남편과 함께 포항으로 달려갔는데 간단한 점심 한 그릇도 제대로 들지 못하고 다시 고생한 동지들 보러 간다며 발길을 돌렸다. 그리고 2022년 당의 전략공천으로 도지사 후보가 되어 다시 그를 찾았을 때 그는 부랴부랴 사람들을 불러모아 내 선거 준비를 도와주었다. 그게 마지막이었다.

민주당은 그에게 빚을 졌다. 우리 모두는 그에게 빚이 있다. 생각지도 못한 계엄령으로 대선을 치렀고 정권이 교체되었다. 이 순간이 거저 오지 않았다는 걸 우리 모두 잘 안다.

오롯이 국민들이 만든 선거이고 국민들이 지켜낸 선거이다. 이번 선거를 통해 대한민국 민주주의는 한층 성숙해질 것이고 지역주의에 기반한 정당은 그 세가 더 위축될 게 뻔하다. 여기까지 오는 동안 그의 삶이 켜켜이 녹아있다는 것을 알기에 지금 이 순간 그가 너무 그립다.

"큰일하고 오소. 먼저 가 있을게"

민병덕(국회의원)

0.73퍼센트 대선 패배의 여파가 여전히 남아있던 2022년 봄, 오랜만에 K선배로부터 연락이 왔다. 얼마 전부터 병세가 악화해 경주 동국대학교 병원에 입원 중인 허대만 형이 나를 보고 싶다 하니 병원에 한번 들러 달라는 부탁이었다.

"대만이 형이 얼마나 안 좋길래……."

당시 민주당 조직사무부총장으로 대선 기간 전국 각지를 수차례 돌았던 나였지만, 정작 대만이 형의 병세나 안부에 대해서는 미처 아는 게 없었다.

허대만 형을 대학에서 처음 만난 1991년은 강경대, 김귀정, 김기설 열사의 잇따른 죽음으로 촉발된 이른바 '열사 정국'으로 캠퍼스 내에 어두운 그림자가 연무처럼 어른거리던 시절이었다.

87년 대선, 양김 단일화의 실패로 연장된 군사 정권 아래서 냉전 해체라는 세계사적 변화까지 맞물리며 당시의 학생사회는 활기를 잃어가고 있었다.

하지만 갓 군에서 전역해 한창 혈기 왕성하던 허대만은 이런 패배의 공기 속에서 억센 경상도 억양으로 다른 이들보다 훨씬 더 근본적이고 때로는 과격하기까지 한 주장을 내세우며 지친 동료들에게 힘을 불어넣곤 했다. 키는 크지 않지만, 체구가 단단해 축구를 잘하던 사람. 특유의 소탈함으로 누구와도 스스럼없이 어울리던 그 시절의 허대만을 우리는 사랑했다.

경주 동국대병원 입원실에 들어서니, 한껏 쇠약해진 허대만 형이 침상에 누워있었다. 서울대 대운동장을 누비던 그의 강건했던 전신이 미라처럼 말라 있었다. 형은 마지막을 예감한 듯, 자신의 네 자녀가 혹여 아빠에 관해 묻기 위해 찾아오면 자신의 삶에 대해 잘 설명해 줄 것을 부탁했다.

대학을 졸업한 후 많은 동료가 노동운동이나 시민운동에 몸담고 있던 1996년, 그는 불쑥 현실 정치에 투신해 고향 포항에서 전국 최연소 기초의원이 되었다. 그보다도 더 젊었던 시절부터, 만연해 있던 패배주의를 훌쩍 뛰어넘어 언제나 근본적 해법을 찾아 나섰던 허대만다운 선택이었다. 하지만 영광의 순간은 매우 짧았고, 이후 대구경북에서 민주당적을 고수하며 7번 출마한 그는 7번 모두 낙선하고 말았다. 어떤 면에서 그는 실패한 정치인이었다.

매번 낙선만 하는 '원외 정치인'이었지만 언젠가 있을 자신의 쓰임을 위해 늘 실력을 키웠다. 경북대학교에서 지방자치를 공부하고, 노무현 대통령 인수위원회 자문위원으로 일하며 쌓은 경험은 마침내 김부겸 행정안전부 장관의 정책보좌관을 맡으며 꽃을 피우는 듯했다. 갑작스레 포항을 덮친 지진에도, 능숙하게 복잡한 현장 상황을 정리하고 지역민들에게 꼭 필요한 맞춤형 지원을 끌어낼 수 있었던 것은 바로 그런 준비 때문이었을 것이다.

명망을 쌓아가던 그에게 당적을 바꾸라는, 하다못해 무소속으로 출마하라는 유혹이나 제안이 왜 없었으랴. 그럼에도 당을 저버리지 않고, 고향에 대한 믿음과 사랑을 거두지 않았던 허대만. 2018년 포항시장에 출마해 42.41퍼센트라는 기적적인 득표율을 얻었지만, 행안부 장관 정책보좌관 시절 고향을 위해 일한 성과마저도 겸연쩍어 채 자랑하지 못하던 그는 '농부는 밭을 탓하지 않는다'는 노무현의 철학을 문자 그대로 실천한 바보 같은 사람이었다.

병실에서 한참 석별의 정을 나누고 무거운 마음으로 나서는 나를 마중하며 그는 한마디를 남겼다.

"큰일하고 오소. 먼저 가 있을게."

그 말이 있은 얼마 뒤 그의 부고가 전해졌다. 그가 내게 말했던 '큰일'은 무엇이었을까. 그것은 나 한 사람에 대한 당부였을까, 아니면 우리 민주당, 더 나아가 대한민국 공동체 전체에 대한 마지막 바람이었을까. 대선 패배의 생생한 아픔을 간직한 채 그를 마지막으로 보고 온 지 3년, 다시 민주주의의 위기, 공동체의 위기를 마주하며 나는 그 '큰일'의 의미를 다시 곱씹고 있다.

그의 사후, 민주당에 험지를 넘어 사지(死地)라는 대구경북에서 평생 정치를 한 그의 뜻을 기리기 위한 '허대만법'(권역별 비례대표 도입을 골자로 하는 「공직선거법」) 제정 논의가 있었다. 하지만 그의 죽음이 점점 멀어지는 것처럼 선거제 개혁의 목소리도 점차 옅어져 가는 듯하다. 그렇다고 그가 남긴 정치 개혁, 그리고 전국정당이라는 숙제를 언제까지 미뤄두기만 할 수는 없을 것이다.

허대만. 그는 자신이 자고 나란 고향, 그리고 자신의 믿음과 철학을 배반하지 않고 살다 간 우직한 사내였다. 아마도 오늘의 우리가 할 '큰일'은, 그의 삶이 남긴 의미와 그가 우리 공동체를 위해 애썼던 기억을 되새기며 함께할 수 있는 '작은 일'을 찾는 것에서부터 시작해야 하지 않을까.

나에게 '큰일'을 당부하고 간 그를 기억하기 위한 '작은 일'들이 무엇일지 궁리하며, 허대만 형을 그리워한다.

당신의 날을 위해 준비한 축배주

박태식(전 포항시의회 의장)

세월이 참 빠릅니다. 당신이 우리 곁을 떠난 지가 엊그제 같은데, 벌써 3년이라니 말이오. 아픈 인연도 인연이라 당신을 사랑했던 우리는 당신을 잊지 못하고 오늘도 사랑했던 당신을 그리워하며 당신과의 인연을 추억하고 있다오.

우리의 첫 만남은 당신이 20대 꽃다운 청춘일 때였지요. 당신이 있었기에 우리는 의기투합하여 의정연구소를 사단법인으로 만들 수 있었고, 목천(木泉) 선생의 글씨를 친구 지초(芝草)가 새긴 현판을 달 때는 모든 것이 다 이루어진 것 같았지요. 당신은 대구, 나는 경주의 대학원에 진학하여 공부하면서 지방자치 연구에 필요한 자료를 찾아 민주주의의 수호천사(?)마냥 지방자치를 제대로 꽃피워 보자며 물 만난 고기처럼 전국을 헤집고 돌아다니기도 했지요.

 시민들의 자치의식과 민주역량을 고취하기 위해서는 청소년의 민주역량을 강화할 필요가 있다며 어린이 자치학교를 개설했지요. 포항의 주인으로서 알아야 할 향토 역사와 논리적 토론방법, 회의 진행법 등 학교 교과과정에서 간과할 수 있는 부분을 정성으로 가르치는 1박 2일 캠프의 피날레는 단연 포항시의회 본회의장에서의 시연이었지요. 참가 학생 전원이 의원으로 나섰으니 참가 학생들의 가족은 물론 시민들의 관심도 적지 않았지요.

 우리는 긍지를 가지고 아마도 전무후무할 연구소를 포항에서 만들어 활동하며 『지방의정』을 4권까지 낼 수 있었던 것도 당신이 있었기 때문이었소. 이런 인연들이 무당파인 내가 당신 곁에 있게 했고, 당신은 이승을 떠나면서 어린 자식들을 내게 부탁했던 것 같소. 당신은 청운의 꿈을 안고, 결국은 짝사랑으로 그치고 말았던 고향 포항을 위해 꿈을 꾸고 작은 힘이라도 바치려고 동분서주했지요. '이번에는 이루리라. 기어이 빛을 보고야 말리라' 얼마나 고대했던 우리들의 목표였소? 그때마다 나는 또 거짓말이라고 투정 아닌 투정도 했지요.

 살다 보면 별것도 아닌 인생인데, 세상이 당신을 속이고 우리를 속일 때, 더러는 포기할 법도 했지만, 당신은 그 목표를 두고, 괘도 수정도 없이 그렇게 고뇌하며 묵묵히 가다가 결국은 허망하고 안타깝게 우리 곁을 떠나고 말았소. 만약에 당신이 '포항에서'라는 집념을 버리고, 터를 수도권으로 옮기던가, 아예 팔자려니 하며 포기하고 가던 길을 돌리기라도 했으면, 당신이 그렇게도 아끼고 사랑했던 이들과 한참은 더 오순도순 정을 나누며 살아갈 수도 있지 않았을까 하는 회한이 있소. 그래도 당신을 사랑했고, 지금도 당신을 그리워하는 이들이 당신을 기리려 하지만, 거친 풍랑에 그 몸짓이 희미해지는 것 같아 안타까울 뿐이오.

셋째가 대학 가고, 당신이 눈에 넣어도 아프지 않을 단이가 고등학교에 간다니, 세월의 시계는 변함없이 잘도 흘러가건만 당신이 목숨 걸고 걱정했던 우리의 정치는 아직 출구를 찾지 못한 채 제자리를 맴돌고 있다오. 당신의 목표는 아직도 안개 속에 가물거리는데, 당신을 일찍 부른 그곳은 진보도 보수도, 영남도 호남도 없지요.

지금쯤 당신은 그 고귀한 뜻을 잘 펴고 있으리라 기대하오. 부디 이승에서 못다 한 일들 원 없이 하면서 터 잡고 기다리시오. 머 잖은 날, 우리 다시 만나면 곡차라도 한잔 나누며 회포라도 풀어 보게.

남은 가족들은 당신의 염려와 후원 덕분인지, 염려했던 것보다 훨씬 잘 견디고 저마다 할 일을 잘해 나가는 것 같으니 너무 걱정하지 마시오. 나도 아직 당신과의 약속을 기억하고 있고, 그 실천 의지도 변함이 없소. 안타까운 마음으로 당신을 보내면서, 많은 이들이 인생무상을 얘기했지만, 나는 또 당신과 약속할 게 있소.

당신이 목표를 달성하는 날을 위해 내가 준비해 둔 축배주는 당신의 귀한 자식들이 성공하는 날을 위해 보관해 두겠소. 천상에서 다시 만날 그날까지 우리는 여기 남아 당신을 기리며 살아갈 것이오. 지켜보며 편히 쉬시오.

보내고 싶지 않은 '형'

박희정(포항시의원)

'허대만'이라는 이름 석 자를 '추모'를 위해 떠올려야 한다는 사실을 받아들이기 어렵습니다. 정말 대만 형을 보내야 하는 시간이 되었나 봅니다.

공식 명칭은 '위원장'이었지만 저는 '형'이라고 불렀던 허대만. 1995년 대만 형은 포항시의원으로, 저는 포항지방의정연구소 간사로 처음 만났습니다. 30년 가까이 함께 일하면서 손발이 잘 맞았고 보람도 있었습니다. 안타깝고 안쓰러운 시간이 길었지만 한 번도 무너지지 않았던 대만 형을 지켜보며 어느 때는 '우상'처럼 느꼈고, 어느 때는 '바보'라고 부르기도 했습니다.

형은 앞과 뒤가 똑같은 사람이었습니다. 사람에 대해 뒷담화하는 걸 싫어해서 어느 사람이 싫어지면 한참 지난 후에야 "그때 그 사람의 언행이 상식적이지 못했다" 정도가 평가의 전부였습니다. 저는 형에게 그런 말을 들을 정도면 정말 나쁜 사람이라고 인식했습니다. 누군가에게 잘 보이기 위해 아첨하지도 않았습니다. 합리적이고 이성적이었던 형의 생각은 행동에서도 그대로 묻어났습니다. 정치판에서의 우직함보다 일상생활에서의 바른생활이 더 강하게 드러났는데 어쩌면 그래서 평생을 비주류로 살았는지도 모르겠습니다.

형은 수줍음이 많은 사람이었습니다. 선거 때마다 많은 사람이 나에게 민원을 넣었습니다. 유권자와 만나는 모습이 너무 뻣뻣하다는 게 핵심이었습니다. 형의 유머는 '아재개그' 수준도 못 되고 먼저 안기는 법도 거의 없었습니다. 한번은 "제발 좀"이라며 항의 했더니 부끄럽다며 머리를 긁던 모습이 아직도 선합니다.

형은 포항을 위해서 일하고 싶어 했습니다. 선거를 거듭할수록 득표율이 올랐기에 이번에는 혹시나 하며 기대했지만 역시나 낙선하는 일이 반복됐습니다. 우리가 힘들어할 때 대만 형은 이런 말을 했습니다.

"우리는 귤 껍데기 위에서 선거를 한 것이다. 그 껍질을 뚫고 들어가려면 더 노력해야 한다."

2016년 처음 발병하고 수술한 후에 포항으로 오던 대만 형은 저를 포함한 몇 사람을 고속도로 휴게소로 불렀습니다.

"당분간 쉬어야 하지만 잘 극복할 수 있다. 그러니 걱정하지 말고 지역위원회를 비롯한 주변에도 그렇게 전하라."

나중에야 알았습니다. 그때 벌써 시한부 판정을 받았었다는 사실을.

형은 최악의 상황에서도 결코 포기하지 않았습니다. 하지만 그런 상황에서 얼마나 외로웠겠습니까. 그 외로움을 저는 알지 못했습니다. '선거 이기고 난 다음 날 좀 도와줘', '니 의정활동은 도와줄게' 라던 문자가 '버틸 때까지 버텨볼게'로 바뀔 때까지도 대만 형이 다시 일어날 것이라 믿었습니다.

그러다 어느 날, 처음이자 마지막으로 형의 눈물을 보게 되었습니다.

"내가 병들고 나서 운 적이 없는데 오늘 너를 보니까 갑자기 눈물이 난다."

너무 놀라고 당황해서 위로도 못했습니다.

형은 "기도나 응원으로 될 일이 아니다"라고 했고, 나는 "그래도 기도밖에 할 수 있는 게 없다"고 했더니 아무런 답이 없었습니다. 그리고 두 달여 후에 형은 하늘나라로 갔습니다. 형과 함께 일했던 30년 가까운 세월, 기세등등하게 일했던 시간보다 마지막 순간이 자꾸 생각나는 건 무슨 이유인지 모르겠습니다.

가만히 생각해보니 형은 목표를 언제까지 이루겠다, 이 일을 언제까지 하겠다고 말한 적이 없습니다. 사는 동안, 힘이 남아 있는 한 끝까지 달리고 싶었던 모양입니다. 하지만 형에게 주어졌던 시간은 남들보다 짧았습니다.

 거창한 목소리로 형이 못다 한 시간을 제가 더 열심히 살아보겠다는 말은 하기 싫습니다. 뒤를 잇겠다는 말은 더더욱 하고 싶지 않습니다. 허대만처럼 살라고 하면 자신이 없습니다. 다만 형과 함께 일했던 것처럼 다른 누군가와 함께 또다시 이 어지러운 세상을 뚫고 나가보려 합니다. 제가 형에게 부끄럽지 않을 유일한 길인 것 같습니다.

 보내고 싶지 않은 형을 이렇게 글을 쓰며 보내려 하니 마음이 아픕니다. 형이 품었던 가치와 목표를 향해 함께 할 수 있어서, 고생했던 시간만큼 저를 빛나게 해줘서 감사하다는 말은 꼭 남기고 싶습니다.

 허대만, 당신을 잊지 않겠습니다.

허대만의 마무리, 그 의연함에 대하여

김주옥(서울중앙지방법원 부장판사)

대만이 1995년 무소속(당시는 정당 공천이 금지됨)으로 최연소 기초의원에 처음이자 마지막으로 당선된 이후, 완고한 지역정서의 벽에 막혀 7번의 선거에서 모두 낙선한 불운의 정치인이라는 사실, 그럼에도 좌절하지 않고 '포항의 노무현'이라고 회자될 정도로 포항 발전과 지역주의 타파를 위해 분투한 훌륭한 인물이었다는 사실은 그의 죽음을 계기로 재조명되었다. 그러나 '그를 모르는 사람은 있어도 알고도 좋아하지 않는 사람은 없을 것'이라고 인정받는 허대만이라는 사람의 진면목을 제대로 아는 사람은 많지 않은 것 같다. 나는 의연하고 숭고하기까지 했던 그의 마지막 행적을 통해 그에 관해 이야기하고 싶다.

2016년 대만에게 처음 위암이 발견되었을 때, 병원에서는 덩어리가 매우 크고 전이 가능성도 있어 수술이 가능할지는 개복해 봐야 알 수 있다고 했다. 대만은 수술 직전 병원 로비에서 재원과 나를 보고 웃으면서 말했다.

"죽어야 한다면 죽어야지 어쩔 수 있나?"

나는 그다운 말이라고 여겼다. 다행히 수술은 성공적으로 이루어졌지만 3년 후 암이 복막에서 나타났고, 오랜 항암치료에도 올해 초에는 대장, 직장으로 전이되어 수술이 불가능할 정도로 병세가 위중하게 되었다. 지난 6월, 극심한 통증에 배변도 불가능한 지경에 이르러 포항에서 119 구급차로 삼성병원 응급실에 실려 왔을 때, 그는 우리에게 조용히 말했다.

"다 운이다. 언제 누구한테 일어날지 모르는 일이다".

대만이 영면하기 한 달 전쯤, 나는 세 차례 그를 면회했다. 7월 중순 더 이상 호전이 어렵다고 스스로 판단한 그는 의료진이 제안하는 수술을 거부하고 아내에게 보고 싶은 사람들을 불러달라고 했다. 그때부터 그의 부름을 받고 달려온 모든 사람에게 그는 감사 인사를 했다. "평생 고마웠다"는 말을 가장 많이 했다. 내게는 "언제나 너를 생각하면 꺾였던 용기가 살아나고 굽은 허리가 펴졌다"고 말해 주었다. 처지가 뒤바뀐 듯한 그의 말에 나는 감격하고 가슴이 아파 손을 잡고 울었다. 후배이자 오랜 정치적 동지인 민병덕을 불러 긴 대화를 나눈 다음에는 아내에게 이런 유언을 남겼다고 한다.

"가난한 성장 환경, 내성적인 성격, 닮은 체형, 운동 재능과 취미 등 나와 비슷한 점이 정말 많은 병덕인데, 그에게 부러운 점이 딱 하나 있다. 병덕은 어려서 어머니한테서 사는 게 어렵더라도 더 어려운 사람 도와주면서 살아라는 말을 늘 들으면서 자랐단다. 앞으로 우리 아이들에게도 그 말을 자주 해주었으면 좋겠다."

대만이 연명치료 포기서에 서명한 다음 마지막으로 재원과 함께 그를 보았을 때, 우리는 진짜 작별인사를 나누었다. 재원은 대만에게 친구로 지낼 수 있어서 행복했고 자랑스러웠다고 말해 주었고, 대만은 웃으면서 "먼저 가 있을 테니 너희들은 오래오래 잘 있다가 오너라"라고 말했다.

대만은 담담히 운명을 받아들였다. 때 이른 죽음을 억울해하거나 분노하지 않았다. 이루지 못한 정치적 성취에 대한 회한도, 물려줄 재산 없이 남겨 두게 된 사 남매에 대한 한스러움도 내보이지 않았다. 많은 사람들이 온갖 민간요법이며 기도며 주술을 비방이라 권했지만 눈길도 주지 않았다. 대만을 위해 30년 가까이 자신의 모든 것을 바쳐 헌신한 동지이자 영혼의 친구, 천년지기를 자처하는 허정이 올 초 개구충제의 항암효과가 이슈가 되었을 때 지푸라기라도 잡는 심정으로 그것을 구해 복용을 권했다가 일언지하에 거절당하고 면박을 당했을 정도. 어떻게 그런 경지가 가능했을까?

나는 소박하고 순수한 그의 타고난 성정에 그 답이 있다고 생각했다. 그는 도무지 꾸밈이 없는, 정말 솔직한 사람이었다. 늘 수줍어하는 듯한 태도 속에 바위같이 단단하고 동해같이 넓은 내면을 갖춘 사람이었다. 한 번도 그가 잘 모르면서 아는 것처럼 말하거나 잘나 보이려고 자신을 포장하는 것을 본 적이 없다. 그는 사실과 다르게 말하는 방법을 모르는 사람이었다. 위기를 모면하기 위해 거짓말을 하는 것은 그의 자존심이 허락하지 않았다.

대만은 2002년 그가 출마하지 않은 지방선거가 끝난 뒤, 그 전해 주민 집회에서 연설한 것이 사전선거운동에 해당한다는 이유로 벌금을 선고받은 적이 있다. 진작 고발된 사건이라 검찰에서 부르기는 했지만 연설 당시 출마 의사가 없었다고만 하면 굳이 기소할 리 없는 사건이었다. 당시 사법연수생이었던 나는 왜 출마할 의사가 없었다고 말하지 않았느냐고 물었다. 그는 아무렇지도 않게 말했다.

"그때는 출마할 생각이었는데 어째 아니라고 하겠노".

현실을 있는 그대로 보고 그 바탕에서 행할 바를 정한 다음에는 좌고우면하지 않는 것이 그의 한결같은 삶의 태도였다. 그러므로 밖에서 보기에 그는 험난한 가시밭길을 골라 걸은 어리석은 사람 같았지만 정작 그 자신에게 그 길은 갈래 없는 외길이었을 것이다.

누구에게나 끝이 있고, 끝이 아름다워야 삶 전체가 아름답다. 내 친구 대만은 정말 진실하고 당당하게 살았고, 의연하고 아름답게 떠났다. 그가 나의 친구여서 행복했고, 내가 그의 친구였다는 사실이 자랑스럽다. 그 좋은 사람이 떠나서, 그 너그럽고 훈훈한 친구 곁에 더 이상 있을 수 없어서 많이 슬프다.

공동체의 이익을 가장 우선에 둔 사람

최재원(법무법인 자연수 대표변호사)

대만이가 세상을 떠나기 두 달 전쯤인 2022년 6월 어느 날이었다. 갑자기 대만이한테서 연락이 왔다. 병세가 악화되어 앰뷸런스를 타고 포항에서 삼성서울병원으로 급히 가고 있다는 것이었다. 지금은 나하고 친구가 된 허정이 그 먼길을 대만이와 함께 앰뷸런스를 타고 병원으로 왔다. 코로나 시절이어서 응급실 앞에서 잠깐 얼굴만 봤을 뿐인데, 대만이는 힘겨운 기색이 역력했다. 하지만 대만이의 눈빛은 여전했고 아픈 기색을 보이지 않았다.

그 후 대만이가 세상을 떠날 때까지 두 번 더 얼굴을 볼 수 있었다. 별다른 치료방법이 없어 손을 놓고 있을 때였다. 마지막으로 병문안을 간 날 대만이는 예전과 다름없이 의연했고 눈빛은 또렷했다. 대만이는 내 손을 잡고 말했다.

"평생 나를 챙겨준다고 고생 많이 했다. 내 후배들도 챙겨주고……. 그동안 고마웠다. 눈 감아도 잊지 않을게."

이 나이가 되다 보니 친한 친구, 선후배 등 가까운 사람 여러 명을 먼저 떠나보냈다. 그런데 죽음을 앞두고 그처럼 의연하고 고마움을 표시하는 사람은 처음 봤다. 죽음의 고통 앞에서 얼마나 외롭고 무섭고 처절한 마음이 들었을까. 그런데도 대만이는 평생 그래 왔던 것처럼 의연하게 말했다.

죽음을 눈앞에 둔 상황에서도 대만이는 평생 자신에게 도움을 주었던 친구의 앞날을 걱정했다. 그리고는 그 친구를 나에게 부탁했다. 내가 잘 아는 지인을 그 친구에게 소개해주라고. 그러면 그 친구가 하는 사업에 도움이 될 것 같다면서. 대만이는 그런 친구였다. 죽음을 앞두고도 힘든 기색을 보이지 않고, 그동안 도움받았던 사람, 고마웠던 사람들에게 할 수 있는 모든 것을 다하려 했다.

그게 대만이와 마지막 대화였다. 일주일 후 다시 대만이를 보러 갔는데, 무척 힘들어했다. 그리고는 8월 어느 날 우리 곁을 떠났다.

1987년 봄이었다. 나와 대만이는 그 엄혹한 시절에 대학 1학년을 보냈다. 아버지를 일찍 여의고 어머니 슬하에서 자란 대만이는 어릴 적부터 너무 가난했다. 그래서 장학금을 주는 고등학교에 진학했고, 공부에 매진한 결과 꿈에 그리던 서울대에 진학했다. 하지만 대학의 현실은 대만이가 생각하던 것과는 너무나 달랐다. 대만이는 누구보다 사회 현실을 치열하게 고민했고, 온몸으로 세상과 맞서 싸웠다. 대만이의 대학시절을 떠올리면 강철같은 강인함과 진지함, 그리고 순수한 미소가 생각난다.

대만이는 아는 만큼 말하고, 확신한 만큼 행동하는 신중한 친구였다. 그리고 솔직담백하고 진솔했다. 주변에서 대만이는 때로 표현이 서툴다고 하는데, 표현을 절제했다고 하는 것이 정확하겠다. 누구보다 세상에 대한 고민이 깊었고, 사람에 대한 애정이 깊었지만 어떤 상황에서든 섣부르게 표현하지는 않았다. 그래서 대만이가 하는 말 한마디 한마디는 무게가 있었고 울림이 있었다.

대만이가 2016년 처음 암 수술을 받고 난 얼마 후에 이런 말을 했다.

"요즘처럼 몸이 가볍고 정신이 맑은 적이 없었던 것 같다. 컨디션이 너무 좋다."

곰곰이 생각해보면 얼마나 무거운 짐을 지고 살았으면 그런 말을 했을까 싶다. 현실정치, 대중정치를 하기 위해서는 사람이 좀 가볍게 보여야 할 때도 있다. 대만이는 전혀 그렇지 않았다. 사람을 만날 때나 일을 할 때나 가볍게 행동한 적이 없었다. 그런 대만이의 성품이 현실정치에서는 약간의 장애가 될 수 있었으리라. 하지만 대만이를 아는 모든 사람이 느끼듯이 대만이의 마음은 누구보다 다뜻했고, 가난하고 소외받은 사람들을 생각하는 마음은 바다와 같이 넓었다.

대만이가 참 좋아하는 말이 있었다. '서생의 문제의식, 상인의 현실감각'. 김대중 대통령이 하신 말씀이다. 대만이는 그 말이 딱 들어맞는 친구였다. 누구보다 세상에 대해 치열하게 고민하고 통찰했지만, 두 발은 현실을 굳건히 딛고 있었다.

대만이와 오랜 세월을 친한 친구로 지냈지만, 대만이가 한 번도 꾸미거나 과장하며 말하는 것을 본 적이 없다. 언제나 아는 만큼만 말하고, 확신한 만큼만 행동했다. 그런 대만이가 답답하게 느껴질 때도 있었지만, 세월이 흐를수록 대만이의 진가를 보게 되었다. 무려 7번이나 선거에 낙선했지만, 대만이는 한 번도 좌절하거나 힘들어하는 모습을 보인 적이 없었다.

시국이 어수선하고 나라가 혼란스러울수록 대만이 생각이 많이 난다. 대만이는 형식적인 논쟁이나 가식을 싫어했다. 언제나 문제의 본질을 보려 했고, 결론이 서면 주저 없이 행동했다. 대만이가 어떤 결정을 내릴 때, 자기 이익을 내세우는 것을 본 적이 없다. 대만이 머릿속에는 언제나 자신이 아니라 '우리'가 있었다. 대만이가 고민하고 행동할 때 가장 우선되는 기준은 공동체의 이익이었다.

대만이는 반대편 주장을 하는 사람이라도 왜 그런 생각을 하는지 진심으로 이해하려고 노력했다. 오랜 정치활동을 하면서 상대방을 적으로 생각하지 않고, 어떻게 하면 서로 타협하고 합의점을 찾아 나갈 수 있을지 고민했다. 요즘같이 진영논리에 갇혀 서로를 적으로 생각하고, 사생결단식 정치가 난무하는 현실을 보니 대만이 생각이 더 난다.

대만이를 떠올리면 포항의 넓고 푸른 바다가 생각난다. 대만이가 평생을 두고 사랑했던 이 나라 대한민국, 그리고 고향 포항. 그리고 대만이를 사랑했고, 또 대만이가 사랑했던 많은 사람들. 죽음을 눈앞에 두고서도 주변 사람을 챙기려 했고, 마지막까지 고마움을 표현했던 대인배, 구도자 허대만이 그립다. 저세상에서 다시 보게 된다면, 포항 바다처럼 너르고 푸른 가슴과 마주 앉아 소주 한 잔 하고 싶다.

사랑하고 그리운 친구야, 보고 싶다!

허대만과 함께해 주신 모든 분들께

허정(친구)

너무도 더웠던 여름날 장례절차를 마치고 장례식장에 상복을 반납하러 들렀다. 대만이네 식구들하고 옷을 반납하며 단이(막내딸)와 얘기를 잠깐 나눴다.

"아빠가 너희에게도 따로 여러 얘기를 하시고 본인의 마지막을 준비하셨겠지만 아저씨한테도 이런저런 얘기를 하던 중에 단이는 운동(유도)을 취미 정도로 했으면 좋겠다고 하셨다. 너무 힘들고 외로운 과정을 귀엽고 사랑스러운 내 딸이 할까 봐 본인의 마지막을 준비하는 중에도 막내딸에 대한 애틋함을 얘기하시더라."

단이는 고개만 끄덕였다.

대만이 얘기를 단이와 제수씨에게 전하고 덧붙여 "그래도 꼭 하고 싶으면 운동을 계속하라"고 했다. "아버지의 마음으로 안쓰러워 그런 거지 하고 싶은 걸 하지 말라는 뜻은 아닐 거라고".

다시 물어볼 수는 없지만.

1987년 12월인지 1988년 1월인지 기억은 흐릿하지만 최루탄과 화염병이 난무하던 뜨거운 대학 1학년을 보내던 어느 겨울날, 허대만과 과메기에 소주 한잔하며 이런저런 얘기를 나누며 좀 더 친해질 기회가 생겼고 그의 깊이와 매력을 알아가게 되었다. 이때부터 인간적인 매력과 합리적이며 진중하고 명쾌한 그의 내면을 닮아가고 싶었다. 하지만 나의 수준을 분명히 알기에 허대만 곁에라도 있고 싶었다.

허대만과 나는 대동고등학교 동기다. 대만이는 입학할 때부터 성적으로 두각을 나타내던 우등생이고 달리기, 축구, 씨름 등 못하는 운동이 없었다. 고등학교 3년 내내 기대를 한몸에 받던 특출난 모범생이었다. 그 시절 많은 이가 가난하고 힘든 환경에서 유년 시절과 학창시절을 보냈지만 대만이네는 아버지가 돌아가신 후에 유독 가난하고 힘들었던 형편이었다고 들었다. 임종 직후에 병실에서 미옥이 누나가 "내 동생 다시 태어난다면 꼭 부잣집에서 태어나라"고 하던 말이 아직도 마음을 아프게 한다.

허대만이 시의원에 출마할 때 지역구가 우리 동네 송도였다. 영근, 동구, 상석이 등 친구들과 동문 선후배들이 열정적으로 도와주었다. 나는 그때 대구에서 직장생활을 할 때라 직접적으로 선거에 큰 도움이 되지는 못했고 그래도 우리 동네여서 친구들과 가족들에게 내 친구 찍어달라고 부탁드렸다. 포항시의원에 당선되고 떠들썩하게 난리였다. 중앙 매스컴에도 보도가 나고 포항에서도 20대 청년의 당선은 신선한 충격과 뉴스거리였다. 기대를 한몸에 받으며 서울대 정치학과를 졸업하고 지방자치 시대에 지방분권과 포항의 더 나은 미래를 찾고자 고향으로 귀향한 20대 정치인의 시작이었다. 이른 나이에 시의원에 당선되어서 정치를 시작했지만 이후부터는 고난과 역경의 연속이었다. 기성정치와 지역주의를 넘어서기 위한 도전을 20년이 넘게 하였지만 허대만에게 남은 건 낙선의 고배와 갚아야 할 빚, 몸속에 독소만 쌓여 간 것 같다.

처음 국회의원 선거에 도전할 때 내 사무실로 찾아와서 "선거에 출마하려 하는데 니가 후원회를 맡아서 같이 해보자"고 얘기했다. 나나 주변 친구들은 대만이 말에 별로 이견을 내거나 이러쿵저러쿵 토를 달지 않았다. 그래도 이건 나로서는 부담되는 일이었다. 이전부터 당원 가입, 인원동원 등 허대만의 정치적 활동에 여러 가지로 동참했지만 큰 책임을 맡아서 정치적으로 관여하지는 않았는데 구체적으로 책임을 맡아서 하란다.

그때부터 나는 후원회 책임자가 되었고, 나는 또 용창, 민호, 형수, 동구 등등과 선후배님들, 친구들, 여러 지인들에게 허대만 후원회에 참여하도록 무한한 노력을 했다(반강제, 읍소, 공갈, 부탁……). 수많은 후원과 도움의 손길이 있었기에 허대만의 정치가 존재했고 아직도 회자될 수 있는 게 아닌가 생각한다. 고인이 되신 이후에도 자녀들의 학비나 여러모로 후원과 지원이 이뤄지고 있어서 너무너무 감사드립니다. 특히 허대만 위원장의 장례식과 1주기 추모행사에 물심양면으로 많은 도움을 주신 임미애 의원님 (당시 경북도당위원장)께 감사드립니다.

여러분들이 허대만의 정치 역경과 낙선을 지켜보면서도 후원하고 응원하던 그 감사하고 감사한 마음들에 당선이라는 결과로 보답하지 못하였지만 후원하고 응원하신 분들의 기대를 저버리는 정치를 하지는 않았던 것 같습니다. 누구에게나 귀감이 될만한 정도의 정치를 하고자 했습니다.

허대만은 포항에 지진이 발생하고 혼란과 어려움에 직면했을 때 행안부 장관 정책보좌관으로 근무 중이었습니다. 포항지진의 수습과 대책 마련, 지원과정에서 보듯 누구보다 포항에 애정을 갖고 진정으로 고민하고 실천하려 노력한 허대만을 포항사람들은 기억하실 겁니다. 오로지 포항을 사랑하고 고민한 포항사람이었습니다.

시간이 지날수록 기억의 빈도나 추억들이 희미해져 가겠지만 제게는 결코 잊히지 않을 자취를 남기고 간 친구가 보고 싶고 자주 생각이 납니다. 이제 우리들 곁에는 없지만 추억과 발자취로 친구를 기억합니다.

허대만과 노무현

박진영(정치평론가)

　허대만 형은 포항의 노무현입니다. 한 번 당선되고 일곱 번 낙선하면서도 민주당을 떠나지 않았습니다. 보통의 사람이면 정치를 그만두거나 당선이 쉬운 당으로 옮기고 싶었을 겁니다. 더구나 서울대 정치학과를 나온 지역의 수재였기에 유혹도 있었을 겁니다. 그러나 그는 일체의 흔들림이 없었습니다.

　그뿐만 아니라 지역구를 옮기자는 소리에는 화를 내기도 했습니다. 2016년 총선 직후, 암에 걸렸을 때, 다툰 적이 있습니다. 정치를 그만두거나, 계속하고 싶으면 지역구를 경기도로 옮기자고 제안했다가 호되게 혼이 났습니다.

　2005년 허대만 형을 처음 만났을 때가 기억납니다. 영덕군수 보궐선거 지원을 하러 갔는데, 본인 선거처럼 목이 쉬어라고 열심히 하더군요. 분명히 이기기 어려운 선거인데도, 최선을 다하는 모습에 반했습니다. 2007년 대선 때는 대구에서 합숙을 했습니다. 허대만 형이 가방에 아령을 들고 와서 웃었던 기억이 납니다. 성실과 진정성이 늘 돋보이던 사람이었습니다. 그리고 노무현 대통령처럼 되어야겠다는 꿈이 있었던 정치인이었습니다.

지금 노무현 대통령은 밤하늘의 별이 되셨고, 허대만 형도 따라갔습니다. 남은 사람들은 두 사람을 기억해야 합니다. 두 사람이 하고 싶었던, 사람 사는 세상, 지역주의가 없는 정치를 잊지 말아야 합니다. 두 사람은 실패한 것이 아니라, 선구자로 길을 개척했고 과제를 남겨주신 겁니다. 우리는 그 길에 서 있습니다. 잊지 않겠습니다.

오빠의 동생이어서 행복했습니다

허윤희(화가)

제가 존경하고 따랐던 대만 오빠가 저세상으로 갔습니다.

다시 볼 수 없다 생각하니 눈물이 하염없이 흐르네요.

오빠는 자신의 신념을 포기하지 않고 평생 한길을 간 정치인이었습니다. 고향 경북 포항에서 민주당으로 나와 매번 지는 선거를 했지만 끝까지 포기하지 않았습니다. 그런 바보 같았던 오빠가 저는 무척 자랑스러웠습니다.

저에게는 정다운 오빠였습니다. 딸이 귀한 우리 집안에 귀한 여동생이라며 친척 동생이지만 저를 친동생처럼 아껴주었지요. 오빠와 함께 한 추억들이 소중하게 떠오르네요. 저는 오빠를 만날 때마다 어떤 어려운 상황에서도 불평하지 않고 의연한 모습에 깊은 감동을 받았습니다. 그의 훌륭한 인품에 존경심이 우러나왔습니다.

오빠는 자신의 유일한 장점은 포기하지 않고 오래 참는 거라고 한 적이 있어요. 그건 사랑 때문이 아니었을까요. 사랑하는 사람들이 행복하게 사는 세상을 꿈꾸었기에 더 나은 세상을 만들기 위해서 고난과 역경을 참고 또 참았겠지요. 돌아가실 때도 혼신의 마지막 한 방울까지 다 짜서 썼다고 했답니다. 그렇게 혼신을 다해 살았고, 마지막 모습까지 훌륭했다고 합니다.

살아서는 가시밭길을 걸었는데, 마지막 가시는 길엔 꽃들이 만발하네요. 수많은 사람들이 애도하네요. 선거에는 패배뿐이었지만 당신의 삶은 위대했습니다.

대만 오빠! 훌륭한 사람! 아름다운 사람!

오빠의 동생이어서 행복했습니다. 잘 가세요. 고개 숙여 오빠의 명복을 빕니다.

※ 이 글은 필자의 페이스북에 실려있던 것을 필자의 동의를 받고 옮겼다.

허대만의 길, 정치개혁의 꿈

김태일(몽양 여운형 선생 기념사업회 이사장)

2022년 여름 어느 날 허대만이 세상을 떠났다는 소식을 들었다. 마음이 먹먹하여 며칠을 지내다가 조용히 노트북을 열었다. 젊은 날의 작별인지라 특별히 애달프기도 했지만 그런 개인적인 슬픔과 애처로움을 넘어 공인으로서 허대만에 대해 기억하고 싶은 것이 있었기 때문이다. 나는 그를 정치인으로 만났다. 민주당으로서는 불모지 대구경북에서 '맨땅에 머리 박는' 무모한 도전의 여정에서 친하게 되었다.

허대만과 함께 정치개혁 운동을 시작한 것은 1990년대 말쯤 같다. 그와 인연은 처음에 그렇고 그런 것이었으나 열린우리당 창당과 활동으로 이어지고 고생이 거듭될수록 점점 더 깊어졌다. 2013년 6월에 민주당이 '기초자치선거정당공천제 찬반검토위원회'를 구성하고 내가 위원장을 맡았을 때 나는 허대만을 자문단장으로 위촉하여 민주당의 혁신 작업에 함께 한 적이 있다. 기초자치선거 정당공천 폐지는 민주당의 혁신 과제로 설정되었는데 당내 합의를 얻는 것도 한나라당과 합의도 간단치 않았다. 그래서 고생이 많았다. 그랬지만 그것이 내가 그와 함께 한 가장 의미 있는 일이었다.

그가 세상을 떠났다는 소식을 들으니 그와의 애틋한 인연이 새삼스럽다. 그 소회를 담아 나는 몇 개의 신문 칼럼을 썼다. 돌아보니 나는 매년 그의 기일이면 무엇인가를 했던 것 같다. 그를 추모하는 마음으로 그 기록을 정리해 본다.

『경향신문』 정동 칼럼(2022. 8. 25.)

민주당, '허대만법' 만들라

여의도에서는 이름이 익숙하지 않은 한 정치인의 부고가 잔잔한 울림을 만들고 있다. 허대만 더불어민주당 전 경북도당 위원장의 얘기다. 어제(24일) 아침 포항종합운동장에서 장례식이 있었다. 향년 54세, 한창 일할 나이, 암 투병 끝에 부인과 3남 1녀를 두고 세상을 떠났다. 그의 타계 소식이 애달팠던 것은 그러한 사정 때문만은 아니다. 특별한 그의 정치 여정이 마음을 아리게 한다.

1992년 서울대 정치학과를 졸업한 후 시민운동에 참여하고 있던 그는 지방자치가 부활하자 곧장 고향 포항으로 달려갔다. 풀뿌리민주주의라는 시대정신이 그의 가슴을 뛰게 했다고 한다. 그 길로 1995년 제1대 포항시의원으로 당선, 26세 최연소 지방의원이 되었다. 그러나 정치인의 성공 여부가 배지를 다는 것이라고 한다면 그의 성공은 거기까지였다. 그 후 지금까지 허대만은 '보수의 심장'에서 도전했던 모든 선거에서 패배했다. 그걸 손꼽아보니 모두 7차례 도전, 7번 패배다.

'바보' 노무현도 민망해할 기록이다. 그러나 그는 늘 웃었다. 힘들어도, 좋아도, 미소가 입가에 걸려 있었다. 그는 같은 지역에서 활동한 이름있는 정치인 이강철처럼 담대하지도 않았고 김부겸처럼 호방하지도 않았다. 그는 마음이 여렸다. 늘 수줍은 소년 같았다. 가만히 생각해 보면 30년 세월을 도전하고 또 도전했던 불굴의 용기는 사실 '마음 여린 자의 용기'였지 싶다. 언젠가 고려대 이문영 교수가 민주화운동에 참여했던 자신을 설명하면서 '겁 많은 자의 용기'라고 했던 것처럼 허대만의 지칠 줄 모르는 투쟁도 그렇게 얘기할 수 있겠다. 신에게 반항한 죄로, 산꼭대기까지 큰 바위를 밀어 올리는, 무한 반복의 천형을 받은 시지포스처럼 그 지긋지긋한, 패배가 예정된 선거를 허대만이 계속한 이유를 설명하는 말은 '마음 여린 자의 용기'이다. 대구경북에서 지역주의를 허물어버리고 정치적 다양성과 풀뿌리민주주의를 실현하라는 그 힘든 역사적 과제를 차마 외면하거나 뿌리치지 못했던 그는 마음이 여리고 착한 사람이었다.

그는 대구경북에서 그렇게 평생을 견뎠다. 거기에서 민주당 정치인은 놀림감이었다. 어떤 당은 막대기를 꽂아도, 과메기를 공천해도 당선이 될 거라는 농담을 할 정도인데 민주당은 늘 조롱거리였다. 모멸과 좌절을 삼키는 것이 정치인의 덕목이라 하지만 말이 쉽지 실제로 그게 얼마나 힘든 일인가는 겪어보지 않은 사람은 모른다.

그것만큼 대구경북 민주당 정치인을 힘들게 하는 것은 여의도 민주당의 전략 부재다. 지역주의 타파, 국민통합을 외치면서 무슨 일을 벌일 듯하다가 흐지부지해 버리는 것이 이제는 일상이 되었다. 지역주의란 그것을 없애자고 떠들면 떠들수록 더 커지는 괴물인데 여의도 민주당은 지역주의 타파하자고 북치고 꽹과리만 칠 뿐 구체적으로 뭘 하는 것 같지 않았다. 김대중이 '동진정책'이라는 이름으로, 노무현이 '전국정당화정책'이라는 이름으로 취했던 전략 패키지 같은 것도 최근에 와서는 볼 수가 없다. 민주당에서 대구경북은 무엇일까? 바둑판에서 대마를 잡기 위해 전략적으로 버리는 돌이 있는데 대구경북은 그런 사석(捨石)인가? 그런 돌이라면 차라리 좋겠다. 지금 대구경북 민주당은 이도 저도 아니면서 의미 없이 버려지는 사석(死石)이 아닌가?

 허대만의 장례식에 참석한 사람들은, 그런 조롱과 모멸, 좌절들이 쌓여 그에게 암이 되었을 거라고 말했다. 그의 죽음이 애달프고 억장이 무너져서 하는 말일 것이다. 그런 얘기가 일리가 있든 없든 민주당은 이 시점에서 그가 어려움 속에서 이루고자 했으나 못다 한 꿈에 대해 응답을 해야 할 것 같다. 대구경북에 정치적 다양성을 실현하고 전국적 수준에서 지역주의를 넘어서기 위해 '마음 여린 자의 용기'로 그가 한평생 꾸었던 꿈을 주목해야 한다. 이제 민주당은 자신들의 최전선 '보수의 심장'에서 평생을 바치며 싸우다 모든 것을 다 쏟아놓고 표표히 떠난 허대만에게 대답해야 한다. 그것은 노무현이 '권력의 절반을 내주고'라도 실현하자고 했던 선거제도 개혁이다. 허대만은 자신의 페이스북에 그것이 자신의 마지막 꿈이라는 말을 남겼다. 궁극적 꿈이라는 얘기일 터다. 그리고 그것을 위해 모든 것을 불살라야 한다고 했다. 그것이 비례대표제이든 중대선거구제이든 가릴 것 없다. '민심을 그대로 반영하는' 선거제도면 된다. 그리고 그 개혁선거법을 '허대만법'이라 불러주면 어떻겠나. 민주당의 동토(凍土)에서 좌절과 모멸을 삼키며 싸우다 세상을 떠난 '마음이 여린 자의 용기'를 기리고 애달픈 그의 정치 여정을 연민하며 민주당은 개혁선거법을 만들라.

민주당, 허대만법 토론회 기조 강연 (2022. 9. 1.)

"TK 민주당은 사석(死石)…조롱과 무시당해"

(『매일신문』 2022. 9. 2)

더불어민주당이 1일 고(故) 허대만 전 경북도당 위원장의 유지인 선거제도 개편을 논의하기 위한 토론회를 열었다. 민주당은 '보수의 심장' 대구경북(TK)에서 지역주의 타파를 위해 평생을 헌신한 허 전 위원장의 죽음을 추모하며 전국정당화를 위한 이른바 '허대만법' 추진을 다짐했다.

민주당은 이날 오전 국회 의원회관에서 '허대만의 유지를 받아서'라는 주제로 지역주의 극복과 국민통합의 선거법 개정을 논의했다. 안민석·김두관 의원이 공동 주최하고 원외지역 협력의원단이 주관한 이날 토론회는 박홍근 원내대표와 서영교·박찬대 최고위원 등 10여 명의 의원이 참석했다. 이들은 토론회에 앞서 허 위원장을 위한 묵념의 시간을 가졌다.

이재명 대표는 축전을 보내 "허대만 동지께서 지난 30여 년 동안 7번의 선거에 출마해서 7번 낙선했지만 끝까지 굴하지 않고 당의 깃발을 지키셨다"며 "농부는 밭을 탓하지 않는다는 일념으로 광주에서의 콩이 대구에서도 콩이 되는 세상을 만들기 위해 온몸이 부서지고 찢겨진 동지에게 우리 민주당은, 아니 우리 정치권

모두는 갚을 수 없는 큰 빚을 졌다"고 말했다.

　김태일 장안대 총장의 기조강연으로 토론회가 본격 시작되자 전국정당을 위한 민주당의 전략 부재를 지적하는 목소리가 쏟아졌다.

　허 전 위원장 별세 직후 소선거구제 개편을 골자로 한 '허대만법' 추진을 최초로 주장한 김 총장은 "선거 결과에 따라 지역주의가 약화된다 또는 훨씬 구조화된다는 얘기가 나오지만 역시 현재까지는 후자가 강한 것으로 보인다"며 "특히 대구에서 김부겸 전 총리의 당선과 기초의원 절반을 민주당이 차지한 것은 좀 야박하게 말하면 까치밥 이론에 그친다"고 말했다.

　그는 "보수정당의 독차지가 싫어 일종의 너그러움으로 민주당에 까치밥을 준다는 설명인데, 결국 김 전 총리도 살아남기 위해 옆 지역구로 옮긴 주호영 의원에게 나가떨어지지 않았느냐"고 강조했다.

　김 총장은 ▷김대중의 동진정책 ▷노무현의 전국정당화와 달리 최근 민주당에는 전략패키지가 부재했다고 꼬집었다. 그러면서 민주당의 TK 공략 전략에 대해 "TK는 대마를 잡기 위한 사석(捨石)이라면 차라리 좋겠다. 그게 아니라 사석(死石)이 되어 상대 당에 조롱당하고 같은 당에서 존재를 무시당하는 이중적 고통에 있다"고 분석했다.

　이날 참석자들은 허대만법의 구체적인 내용으로 ▷소선거구제

+권역별 비례대표제 ▷도농복합선거구제 ▷중대선거구제 ▷독일식 지역구 보상비례대표제 ▷석패율제 ▷양원제 ▷당내 비례대표 배분 ▷지역정당 출범 등을 논의했다.

특히 김두관 의원은 이날 토론회에 맞춰 권역별 비례대표제 및 개방형 비례대표 명부를 주요 내용으로 한 선거법 개정안을 발의하기도 했다.

TK 민주당을 향한 따끔한 조언도 나왔다.

박진영 숙명여대 객원교수는 "영남 지역위원장들께서 중앙당에 와서 우리를 좀 배려해 달라는 말을 하지 않았으면 좋겠다. 지역위원장 집단 탈당에 나서는 각오가 아니고선 안 되는 게 당내 현실"이라고 말했다. 김 총장도 "지역에서 나오는 비례대표, 예산, 대의원을 배려해 달라는 얘기는 여의도에 와서 맥을 못 춘다. 징징대는 애들 응석으로 보더라"며 "뭐를 해달라고 얘기하지 말라. 잘 해주지도 않고 딱 하나 해주더라도 생색을 얼마나 많이 내는지 아느냐"고 했다. 그러면서 "그렇게 되면 지역당 역량이 약화된다. 지분 투쟁보다는 노선 투쟁에 나서야 한다. 그래야만 당에서 눈길이라도 주는 게 민망한 현실"이라고 했다. = 김병훈 기자

『매일신문』 수요일 아침(2023. 8. 2.)

민주당은 '허대만법' 만들고 있나?

　경북 포항에서 활동하던 더불어민주당 정치인 허대만이 세상을 떠난 지 벌써 한 해가 되었다. 그는 이름이 널리 알려지지 않았던 지역 정치인이었는데 그의 부고는 전국적으로 많은 이의 가슴을 울렸다. 그의 일관성과 성실성(integrity)에 대한 존경과 연민 때문이었다.
　허대만은 서울대에서 정치학을 전공하고 시민운동에 몸을 담았다가 지방자치가 실시되자 고향으로 달려와 포항시의원이 되었다. 전국 최연소 기초의원이었다. 그러나 그의 영광은 거기까지였다. 풀뿌리민주주의에서 출발하여 지역주의 극복을 정치적 목표로 삼았던 그의 나머지 정치 생활은 가시밭길이었다. 그는 민주당 진영 후보로 일곱 번 출마하여 일곱 번 낙선하였고, 고단한 여정 끝에 그는 지난해 암으로 생을 마감했다. 경향 각지에서 여야를 넘어 그의 마지막 길을 슬퍼하였다. 빈소에서 술잔을 기울이던 사람들은 시시포스 신화 같은 그의 힘든 정치적 삶이 암의 원인이 되었을 것이라고 안타까워하였다.
　장례를 마친 후, 그의 유지를 잇자는 움직임이 민주당에서 일어났다. 자연스럽게 선거제도를 개혁하는 데 매진하자는 쪽으로 의견이 모였다. 승자가 독식하는 선거제도를 그냥 두고는 그와 같은 애달픈 사연이 되풀이될 수밖에 없다는 뜻이었다. 민심을 그대로 반영하고 정치적 다양성이 이루어질 수 있는 선거제도 만들기는 평생을 지역주의와 싸웠던 허대만의 과업을 물려받는 일이 분명했다. 그리고 그것은 우리나라 민주주의 발전을 위한 보편적 과제이기도 했다.

대구경북 지역 정치권이 먼저 나섰고, 뜻있는 국회의원들이 토론회를 열고 선거법 개정안을 내놓기도 했다. 여야를 아우르는 초당파적 모임이 생겨나 선거제도 개혁의 발걸음을 재촉했다. 허대만에 대한 추모는 이러한 흐름을 밀어주는 힘이 되었다. 그 어렵다는 선거제도 개혁이 이번에는 이루어지려나 희망 같은 것도 보였다. 대통령도 선거제도 개혁의 필요성을 얘기했고, 구체적 방안으로 중대선거구제에 대해서 언급하기까지 했다. 국회의장도 나서 국회의원 모두가 개인적으로 자유롭게 뜻을 피력하는 '전원회의'까지 열었다. 물론 이 과제가 본디 쉬운 일이 아닌지라 대통령의 제안에 대한 반응은 시큰둥했고, 국회의장이 연 전원회의는 어수선하게 끝났다. 그러나 희망이 없어진 것은 아니었다. 사회 전체에 선거제도 개혁의 필요성에 대한 각성은 괄목할 만할 정도로 생겼다. 우리나라 정치, 사회 원로들을 비롯한 각계각층이 선거제도 개혁을 촉구하고 나섰다.

그런데 그 이후 정치권의 마음이 딴 곳에 가 버려 지금 선거제도 개혁은 지지부진하고 시한을 넘기고 있다. '정치권의 마음이 딴 곳에 가 있는' 현실이야말로 바로 선거제도를 개혁해야 하는 이유다. 정치권은 지금 두 개의 진영으로 나뉘어 죽자 살자 싸우고 있다. '너의 불행이 나의 행복'이라는 진영 정치에 몰두하고 있다. 정치권의 모습은 소선거구제가 분단 체제, 지역주의와 결합해 만들어내고 있는 철 지난 흑백사진이다. 선거제도 개혁의 에너지를 다시 일깨워 저 칙칙한 흑백을 밝고 유쾌한 컬러사진으로 바꿔야 한다.

다시 대구경북 민주당이 나서야 할 상황이다. 대구경북 민주당은 '민심을 그대로 반영하는 선거제도 개혁'의 깃발을 다시 치켜들기를 바란다. 가장 간절하기에 대구경북 민주당이 나서야 하는 것이지만 그것은 나라 전체를 살리기 위한 것이다. 대구경북 민주당은 정치권 전체를 향하여 외쳐라. 언제까지 흑백사진 정치를 하려는가. 삿대질 정치를 언제까지 하려는가. 대구경북 민주당은 동력을 잃고 있는 선거제도 개혁의 엔진을 다시 부팅해야 한다. 지난해 허대만을 떠나보내며 선거제도 개혁을 꼭 이루고 그것을 '허대만법'이라 하자고 했던 민주당의 심장을 다시 뛰게 하라. 대구 김부겸, 순천 이정현의 당선이 시혜성 '까치밥'이 아니라 지속 가능한 정치구조가 될 수 있도록 제도적 틀을 만들라. 그것은 대구경북 민주당을 위해서가 아니라 두 동강 난 이 나라의 미래를 위해서다.

민주당의 최전선에서 지역주의 극복을 위해 안간힘을 쓰다 아까운 나이에 돌아오지 못할 길을 떠난 허대만을 기리며 대구경북 민주당은 '민심을 그대로 반영하는 선거제도 개혁'의 깃발을 다시 들어 올리기 바란다. 그것은 대구경북 민주당을 살리는 일이고 민주당을 혁신의 길로 안내하는 일이며 궁극적으로는 우리나라 전체의 정치개혁을 끌어낼 마중물이다.

『포항 CBS』 김유정의 톡톡 동해안(2024. 8. 28.)

허대만법 제정을 위한 과제
−김태일 전 장안대학교 총장 인터뷰*

김유정: 18일 수요일 '김유정의 톡톡 동해안'입니다. 더불어민주당 경북도당과 포항 남·울릉 지역위원회가 지난주 고 허대만 위원장 2주기를 맞아 '허대만법 제정을 위한 과제'를 주제로 추모 특강을 개최했습니다. 강연을 하신 김태일 전 장안대학교 총장과 허대만법 제정에 대한 얘기 나눠 보겠습니다. 안녕하세요?

---

* 고 허대만 2주기를 맞아 포항에서 한 특강을 계기로 포항CBS 인터뷰를 정리한 것이다. 몇 곳은, 뜻이 달라지지 않은 범위에서 사후에 조금 다듬었다.

김태일: 네, 김태일입니다.

김유정: 고 허대만 위원장이 돌아가신 지 벌써 1년이 지났는데요 총장님께서는 허 위원장과 어떤 인연이 있으셨고 또 어떤 분으로 평가를 하십니까?

김태일: 저하고 인연은 1990년대에 정치개혁 운동을 하면서 서로 알게 되었어요. 지역주의 극복이라든지 또 자치분권 이런 중요한 개혁적 과제를 어떻게 실천할 것인가라는 고민을 함께 나누고 또 실제로 그것을 실천하기 위한 운동에 함께 참여했죠.

김유정: 어떻게 평가를 하시나요?

김태일: 이분은 한마디로 굉장히 성실하고 끈기 있는 분이다, 이렇게 말할 수가 있어요. 뭐든 하나의 과제가 있으면 그것을 포기하지 않고 꾸준하게, 그 결과가 어떤 것이든 간에 포기하지 않고 추진해 나가는 것이 이분의 특징이라고 볼 수가 있어요. 대체로, 힘든 일이 거듭되면 외면하거나 거부하는데, 이분은 회피하지 않았어요. 그래서 저는 이분의 용기가 어디서 나오는가 생각했던 적이 있었는데, 저는 그것을 '마음이 여린 자의 용기'라고 얘기하고 싶어요. 조금은 형용모순처럼 들릴 수 있는데, 이분은 뭔가 명분 있고 가치 있는 일이 있으면 거절을 하지 못하는 마음이 여린 분이어요. 명분과 대의를 거절할 수 없는 그 여린 마음에서 꾸준

한 용기가 나오지 않았나 이렇게 생각합니다.

김유정: 네, 허 위원장이 돌아가시고 나서 선거제도 개혁을 위한 허대만법 제정의 목소리가 높았습니다. 그런데 2년이 지난 지금까지 변화가 안 보이는데 그동안 어떻게 진행이 되었습니까?

김태일: 허대만 위원장이 돌아가시던 그해에 정치개혁의 기운이 막 올라오고 있었어요. 허대만 위원장이 세상을 떠나면서 사람들이 너무 가슴 아파했죠. 허 위원장이 정치개혁, 선거제도 개혁을 위해서 자기 몸과 마음과 영혼을 갈아 넣은 사람 아니냐 그래서 허대만 위원장의 죽음을 애틋하게 여기면서 뭔가 그 유지를 좀 이어받자 해서 정치개혁에 대한 동력이 훨씬 배가되기 시작했습니다. 특별히 민주당 쪽에서 그런 움직임이 많았습니다. 또 시민사회, 재야 이런 데서도 허대만 위원장의 죽음을 애달프게 생각하면서 정치개혁을 이번엔 제대로 하자 이런 결의가 있었거든요. 그런데 찬바람이 불 때가 되더니 이게 우왕좌왕하기 시작하더라고요. 그러니까 여야가 선거법을 두고 협상을 시작했는데, 민주당은 비례대표제를 강화하자고 그랬고 국민의힘은 병립형을 하자 뭐 이런 주장이었어요. 민주당이 병립형을 만지작거리기도 하고 하여튼 뭐 우왕좌왕하는 모습을 보이다가 결국은 합의를 못 했어요. 그러다가 기존에 있는 연동형 비례대표제를 계속해 가는 것으로 그냥 끝이 나고 말았죠. 지금 선거제도는 전에 만들어 놓았던 걸

그대로 지금 쓰고 있는 상황입니다. 안타깝죠.

김유정: 그 당시만 해도 정말 당장이라도 이 선거법을 개정할 것 같았던, 국민의힘은 물론 민주당조차 좀 적극적이지 않은 이유는 그럼 어디에 있다고 보십니까?

김태일: 국민의힘은 예전에 우리가 했던 소선거구제도와 전국구 병립제도로 돌아가자 뭐 이런 주장이었어요. 그걸 계속 주장하니 민주당도 협상 파트너가 있으니까 어떻게 할 수가 없잖아요. 이제 민주당도 자기들의 정치적 이해 때문에 연동형 비례제도를 계속해 나가는 것으로 할 수밖에 없었는데, 문제는 연동형 비례제를 하면서 양당이 다 위성 정당을 만들어버린 거예요. 그러니깐 국민의힘은 아예 노골적으로 위성 정당을 표방하는 정당을 만들었고, 민주당의 경우는, 지역구는 민주당을 찍고 비례는 조국혁신당 찍자 뭐 이렇게 간 거죠. 연동형 비례대표제의 취지가 왜곡되었어요. 이런 점은 굉장히 안타까운 일이에요 그래서 어쨌든 거대 양당의 기득권 때문에 정치적 다양성 실현이라는 선거제도 개혁이 한 걸음도 앞으로 나가지 못하는 상황이 되었다. 이렇게 말할 수가 있겠습니다.

김유정: 네, 그러면 이 선거제도 개혁이 꼭 필요한 이유를 좀 자세하게 설명해 주시면 좋을 것 같습니다.

김태일: 현재 채택하고 있는 소선거구제도라는 것이요 굉장히 문제가 많습니다. 이 제도는요 한 표라도 더 받은 사람이 모든 걸 다 가져가는 게임이에요. 그러니까 포항 어느 지역구에서 51퍼센트를 받은 사람이 있다고 합시다. 그런데 이 사람은 49퍼센트를 받은 사람에 비해서 1퍼센트를 더 받아 승리자가 되는데 이 승자가 모든 것을 다 가지게 된다는 것입니다. 그래서 49퍼센트의 유권자가 찍은 그 푯값은 대의 체계에 반영이 되지 않는단 말이에요. 이런 것을 해결하기 위해서 민심 그대로를 반영하는 선거제도를 만들어야 한다는 것입니다. 그러니깐 51퍼센트를 받은 쪽은 51퍼센트만큼의 의석수를 가지고 49퍼센트를 받은 쪽은 49퍼센트의 의석수를 가지도록 해야만 유권자의 마음을 그대로 반영하는 의석수가 배정된다는 것이죠. 이게 민심 그대로를 반영하는 선거제도예요. 이런 점 때문에 선거제도 개혁이 필요합니다. 그게 잘 안되니까 다양한 정치세력들의 다양한 가치가 우리나라 대의 체계 속에 투입이 되지 않는, 이런 아주 왜곡된 형태가 일어나는 것입니다.

김유정: 선거제도 개혁이 필요한 또 다른 이유가 있습니까?

김태일: 하나 덧붙이면, 우리 지역 국회의원은 다 국민의힘이잖아요. 광주전남은 다 민주당 판이란 말이에요. 이거 참 보기 싫은 모습이고 바람직스러운 일이 아니거든요. 그래서 지역주의를 극

복하고 각 지역 내의 정치적 다양성을 실현하기 위해서도 선거제도 개혁이 필요하다 이렇게 말할 수 있겠습니다.

김유정: 민심 그대로를 반영하는 선거제도가 필요하다는 말씀인데 지금 허대만법이라고 일컬어지는 이 선거법 개정은 구체적으로 어떤 내용을 담고 있습니까?

김태일: 허대만법을 구성하는 하나의 줄기는 어떤 방식으로든 민심을 그대로 반영하기 위해 비례성을 강화하자는 것입니다. 다른 하나는 석패율제라든지 권역별 비례제라는 걸 통해서 한 지역 내에서 소수파를 대표하는 국회의원이 나오도록 하는 것이에요. 예를 들면, 대구경북에는 다수파는 국민의힘이지만 소수파도 한 25퍼센트 정도가 있습니다. 국민의힘을 지지하지 않는 유권자들이 적지 않게 있단 말이에요 그러면 25퍼센트 의석은 우리 지역 내에서 국민의힘이 아닌 정당이 가질 수 있도록 권역별 비례제를 하자라는 겁니다. 그리고 그 과정에서 지역구에서 떨어진 그 사람이 비례로 당선될 수 있도록 지역과 비례 양쪽 명부에 이름을 올릴 수 있도록 하자는 것입니다. 이런 요소들이 허대만법이 추구하는 가치입니다.

김유정: 요즈음 대구시와 경북도가 행정 통합을 추진하고 있지 않습니까? 잘 안 되고 있기는 합니다만 김 총장님께서는 이런 행

정 통합도 선거제도 개혁 없이는 의미가 없다 이렇게 보신다면서요?

김태일: 대구경북 행정 통합의 요체는 중앙정부로부터 권한과 자원을 전폭 대구경북으로 가지고 오자는 것입니다. 그래서 소위 연방제 수준의 자치분권을 하자 이거잖아요. 그런데 선거제도를 개혁하여 정치적 다양성이 실현되지 않은 상태에서 그렇게 되면 행정 통합은 재앙이 될 수도 있다고 봐요. 보십시오. 우리 지역 내에서 권력 구조를 보면, 강력한 자치단체장, 무기력한 의회, 약한 시민사회 구조를 가지고 있잖아요. 이런 상황에서 더 많은 권한과 자원을 가진 자치단체장이 있다면 이건 제왕적 자치단체장이 아니라 황제적 자치단체장이 탄생하는 것입니다. 이런 상황에서 연방제 수준의 권한을 가져다주면 한 정당이 그 지역을 철저하게 철옹성으로 만드는, 아주 끔찍한 재앙 같은 상황이 예상된단 말이죠. 행정 통합을 해서 자치 분권을 실현하고 연방제 수준의 권한을 갖는 것은 물론 중요하고 의미 있는 일인데 그렇게 하려면 반드시 시·도 광역의원 선거의 선출 제도를 바꿔야 한다는 것입니다. 어떻게 바꾸느냐? 역시 다양성이 실현될 수 있도록 비례성이 실현될 수 있도록 해야 한다는 것이고요. 그다음에 시장과 도지사를 뽑을 때 '결선투표제'를 하자는 것입니다. 그러니까 한 표라도 더 받는 사람이 다 가지는 게 아니라 적어도 과반 지지를 받는 쪽이 나오도록 결선투표제를 해야 소수파 이해가 보장되거든요. 이

런 선거제도 개혁을 해야 좋은 행정 통합이 된다는 것입니다.

　김유정: 허대만법 제정을 위해서 앞으로 어떻게 노력해야 한다고 보시는지 끝으로 좀 더 전해 주시죠.
　김태일: 우리 시민들이 관심을 가지고 지켜보고 또 정치개혁을 위해서 계속 참여를 하고 목소리를 내야 할 것 같아요. 한 예를 들어 보면요. 지금 기초의원 선거는 두 명, 세 명, 네 명 이렇게 뽑지 않습니까? 그런데 세 명, 네 명 이렇게 뽑도록 선거구획정위원회에서 민간인들이 정해놓으면 이것을 도의회 시의회가 다 쪼개버려요. 이렇게 되면 중대선거구제의 취지가 완전히 사라져 버립니다. 이런 걸 포함해서 좀 전에 말했던, 각 거대 정당들이 자기 기득권을 위해서 뭔가를 내놓으려고 하지 않는, 그래서 정치적 다양성이 실종되는, 이런 선거제도를 바꾸기 위해서 시민의 힘이 필요하다. 이런 말씀을 드리겠습니다.

　김유정: 네, 오늘 고 허대만 위원장 2주기를 맞아 '허대만법 제정을 위한 과제'를 주제로 강연을 하신 김태일 전 장안대학교 총장과 이야기 나눴습니다.

맺는말

 정치인 허대만이 추구한 정치적 가치는 '자치 분권, 풀뿌리민주주의, 지역주의 극복' 등이라고 할 수 있다. 정치인 허대만의 지도자로서 덕목은 '마음이 여린 자의 용기'라고 할 수 있는 대의명분주의로 보인다. 그가 추구했던 정치개혁 과제는 아직 미완이다. 그런 가운데 우리나라 정치는 헌정체제가 한순간에 흔들리고 민주주의가 늪에 빠져 허우적거리고 있다. 허대만의 넉넉한 마음과 그의 따뜻한 목소리가 새삼 그리운 이유다.

 허대만의 꿈, 우리나라 정치개혁의 꿈은 이제 남은 자들의 몫이다. 대구경북에도 정치적 다양성이 이루어지고, 신나는 경쟁을 통한 정치적 역동성이 생겨나고, 그것이 지역혁신으로 이어질 수 있는, 미래를 만드는 일이 허대만이 우리에게 남긴 숙제다. 모든 권력이 대통령에게 초집중되어 있고 모든 자원이 그가 있는 수도권으로 몰려 있는 이 상황은 정상이 아니다. 지역소멸의 위협이 바로 가까이 들리는 이 상황은 제대로 된 세상이 아니다. 이것을 바로 잡을 일 역시 허대만이 남긴 과제다.

 우리가 만들고자 하는 새로운 세상, 우리가 만날 다른 세상이 무엇인지 함께 고민을 나누고 그것을 이루기 위해 함께 깨어있고, 그날을 위해 함께 어깨동무하자. 그래야만 허대만이 남긴 숙제를 해낼 수 있다. 허대만이 찾아간 꿈을 생각하며 그를 추모한다.

신 문 인 터 뷰

21대 총선 직후이니 5년 전 봄이다. 끝끝내 "포항사람으로 살고 싶다"고 말하는 허대만을 만났다. 한국 정치판은 사람을 탁하게 만든다. 누구도 예외가 되기 어렵다. 하지만, 수십 년 정치판에 있었음에도 허대만은 '맑았다'. 사심 없고, 정직한 성정 때문이었을 터다. 그게 겨우 1시간 남짓의 인터뷰 한 번으로 필자가 허씨에게 매료된 이유다. 그리고, 2025년 오늘. 허대만은 포항에 없다. 아니 이 땅 어디에도 없다. 그러나, 사라진 육신이 존재했던 정신까지 온전히 지울 수는 없는 일. "포항을 청년이 꿈을 키워가는 도시로 만들고 싶다"던 허대만의 희망을 이젠 살아남은 자들이 키워나가야 하지 않을까? 간결하고 적확한 어법으로 기자를 압도하던 허대만을 떠올리며 '그날의 인터뷰'를 다시 한 번 옮긴다.

- 홍성식(한국기자협회 미디어리터러시특별위원회 위원장, 경북매일신문 기획특집부장)

『경북매일신문』 홍 기자가 만난 경북 사람(2020. 4. 22.)

앞으로도 '포항사람'으로 살겠다는 허대만

　과장과 미사여구를 사용하지 않는 담백한 사람. 21대 국회의원 선거에서 포항 남·울릉 지역 더불어민주당 후보로 출마해 석패한 허대만 씨에게서 받은 첫 느낌이다. 구구하게 패배를 변명하지 않고, 경쟁했던 당선자를 향해 "앞으로 의정활동을 잘해서 표를 준 분들에게 보답하시라"는 덕담을 전하는 사람.
　서울대 정치학과를 나온 허대만 씨는 지금까지 포항에서 8번의 선거를 치렀다. 성적은 시의원 1승을 제외하면 7패. 그럼에도 절망하지 않고 총선과 지자체장 선거에 나섰다. 포기를 모르는 출마의 이유가 궁금해졌다.
　미래가 기대되는 명문대 학생에서 시민운동가로, 풀뿌리 민주주의 실현에 노력한 시의원에서 국회의원과 지자체장 선거 출마자로 포항에서 살아온 30년 세월.
　4·15 총선이 막을 내린 지난 주말. 조용해진 선거사무소에서 허대만 씨를 만났다. 정치인으로서의 삶, 아버지와 남편으로서의 삶에 더해 그가 그리고 있는 포항의 미래에 대한 이야기까지 들어볼 수 있었다. 아래 그날 오간 대화를 가감 없이 옮긴다.

−아쉬움이 있겠지만, 21대 총선 결과를 자평한다면.

△전국적으론 더불어민주당이 180석을 얻어 정권 후반기를 안정적으로 이끌어갈 수 있게 돼 다행이라 본다. 하지만, 대구경북의 경우엔 미래통합당이 거의 전 의석을 휩쓸었다. 선거 결과가 포항의 앞날에 미칠 부정적 영향이 걱정된다. 기울어진 지역의 정치 지형이 그대로 이어지고 있어 안타깝다.

−포항에서 시의원, 시장, 국회의원 선거에 8번 출마했다. 시의원 당선 한 번을 제외하고는 결과가 좋지 못했다. 그럼에도 출마를 지속했는데.

△2008년 국회의원 선거엔 대구경북 27개 선거구 중 민주당 출마자가 6명밖에 없었다. 2010년 지자체장 선거에선 23개 시·군 중 민주당 후보자가 겨우 나 하나였다. 경북에도 민주당 지지자가 분명 있는데, 그들을 실망시킬 수 없었다. 당의 지역 책임자로서 '나라도 나서지 않으면 안 된다'는 마음가짐으로 출마를 지속했다. 선거를 통해 지역의 정치 구도를 바꾸겠다는 오랜 꿈을 포기할 수 없었다. 다행히 갈수록 지지를 보내는 시민들이 많아지고 있어 '변화할 수 있다'는 희망을 가진다.

−서울대 정치학과에서 공부했다. 서울이 아닌 포항에서 정치를 하려는 이유는.

△포항은 내 고향이다. 대학 다닐 때부터 '고향에서 선출직 공직자가 되고 싶다'는 꿈을 가졌다. 고시를 통해 공무원이 되겠다는 생각은 없었다. 대학원 재학 중에 포항으로 내려와 경제정의실천시민연합 활동을 본격적으로 시작했다. 20대 중반 시절이다. 어릴 땐 형편이 너무 어려웠는데 주변의 도움으로 학업을 이어갈 수 있었다. 내가 아홉 살 때 아버지가 돌아가셨다. 선친을 대신해 날 도와준 포항사람들에 대한 고마움과 부채의식이 있다. 앞으로도 포항사람으로 살아갈 생각이다.

－이번 선거엔 출마하지 않으려 했다고 들었다.

△21대 총선에선 나보다 더 잘할 수 있는 좋은 후보를 찾고자 애썼고, 실제로 몇 분을 접촉하기도 했다. 그러나 모두 난색을 표했다. 그들의 심정도 이해된다. 민주당 깃발로 포항에서 선거에 나선다는 게 쉬운 일은 아니다. 하지만 후보를 내지 않고 지역구를 비워둘 수는 없었다. 민주당 경북도당 위원장의 책무를 다른 이들에게 미룰 수도 없었다. 그런 이유로 출마를 결심했다.

－경쟁자였던 다른 당 후보가 '포항은 썩은 땅' 등의 막말로 설화(舌禍)를 겪었는데.

△SNS에 글을 쓰거나 발언 도중에 나온 실수였다고 생각한다. 선거기간 중엔 후보자의 뜻이 왜곡되거나 과장돼 비판받는 경우

가 흔하다. 이미 선거는 끝났다. 앞으로 의정활동을 열심히 해 지역민의 신뢰를 얻었으면 좋겠다.

-이번 선거 결과를 보면서 집권당과 대구경북의 핫라인이 사라졌다고 걱정하는 이들도 있다.
△지역 현안을 풀어가야 하는데 정부와의 협상 통로가 막혔다. 심각한 문제다. 그동안은 집권당이 취약한 지역을 배려해 왔다. 김부겸, 홍의락, 김현권 의원 등이 지역 발전을 위해 노력했고, 대구경북을 배려했다는 것도 사실이다. 그런 분위기가 사라지지 않을까 우려된다. 향후 많은 예산이 투입되는 국책사업 등에서 우리 지역이 소외받거나, 사업 진행에 브레이크가 걸릴 가능성이 없지 않다. 어렵지만 내가 할 수 있는 역할을 찾아갈 것이다.

-포항에서 정치를 하며 보람을 느꼈던 순간은.
△문재인 정부 초기에 행정안전부 장관 정책보좌관으로 일했다. 그때 포항에서 지진이 발생했다. 주무 부처의 정책보좌관으로 있었기에 임대주택 보급, 이재민 지원, 수능 연기 등의 정책 수립 과정에 참여할 수 있었다. 장관에게 "일정 기간 포항에서 근무할 수 있도록 해달라"는 요구도 했다. 지진으로 피해를 입은 사람들의 어려움을 직접 듣고 도움을 줄 수 있는 방법을 고민했다. 특별법 제정 과정에서도 나름의 역할을 하기 위해 고심했다. 포항시민

들에게 진 빚을 조금이라도 갚고 싶었다.

　-지진 이후 포항은 지속적 경기 침체에 빠져있는데.
　△포항시의 성장잠재력은 여전하다. 이젠 지곡단지를 중심으로 첨단산업을 키워야하지 않을까. 정부와의 협의를 통해 초기 동력을 찾아가야 한다. 그러기 위해선 시민들의 힘을 하나로 모을 필요가 있다.

　-거듭 낙선의 고통을 준 포항시민들에게 서운하지 않나.
　△누구를 원망하는 스타일은 아니다. '이번에는 이길 수 있겠구나'라는 상황에서 선거를 치러본 적이 거의 없다. 총대를 멘 경우가 많았다. 그럼에도 매번 유권자 15퍼센트 이상의 지지는 받았다. 절망할 정도의 득표는 아니었다. 국회의원 선거에 처음 출마했을 때도 선거비용은 보전 받을 수 있었다. '언젠가는 포항시민들이 나를 선택해 주시겠지'라는 마음이 훨씬 컸다. 물론 이번 선거는 사전 여론조사 결과 등이 나쁘지 않아 기대를 했는데, 다소 아쉽다.

　-건강에 문제가 있다고 들었다.
　△젊은 시절엔 건강을 과신했는데, 이른바 촛불정국 즈음에 위암 통보를 받았다. 수술과 항암 치료가 잘 돼 지금은 괜찮다. 아프

고 나서도 선거를 두 번이나 치르지 않았나.(웃음) 현재는 6개월에 한 번 정기검진을 받고 있다.

- 다둥이 아빠다. 집안에선 어떤 남편, 어떤 아버지인가.
△애들이 네 명이다. 나와 아내 모두 아이들을 좋아하고 가능한 많이 낳자는 것에 동의했다. 장남이 스물셋, 막내딸이 열두 살인데 자식들을 볼 때가 가장 즐겁고 행복하다. 이번 선거 유세 현장에 아이들 모두가 나왔다. 자기들끼리 아빠를 응원하자고 의논을 했던 것 같다. 기특하고 고마웠다. 바빠서 애들을 챙겨줄 시간이 많이 없지만, 언제나 친구 같은 아버지가 되려고 노력한다. 아내에겐 가정적인 남편이 되고 싶다.

- 앞으로도 포항에서 출마할 의향이 있는지.
△즉답하기 어려운 질문이다. 선거 과정에선 어쩔 수 없이 주변에 너무 많은 폐를 끼치게 된다. 도와준 분들에게 느끼는 고마움은 평생 안고 가야 할 것이지만……. 포항을 발전시켜 포항사람들을 행복하게 만들어줄 능력 있는 사람을 찾고 싶다는 정도로 대답하면 되지 않을까?

- 포항이 그려가야 할 청사진은.
△단순화된 산업구조의 혁신이 필요하다. 철을 생산하는 도시

인데도 자전거 만드는 기업 하나 없다. 철만 만들 게 아니라 부가가치가 높은 관련 산업을 함께 키워가야 한다. 고용도 거기서 창출된다. 포항의 철강 생태계를 미래형으로 바꾸는 데 일조하고 싶다. 포스코와 포스텍이 있으니 인프라는 어느 지역보다 좋지 않은가. 중앙정부와 지방정부의 협력, 정책 실행 과정에서 민간의 협조를 이끌어낼 리더십을 가진 인물도 육성해야 할 것이다.

-포항시민들에게 전하고 싶은 말은.
△포항에 애정을 가진 젊은 정치인이 나타났을 때 꿈과 희망을 키워줄 수 있는 공간이 됐으면 한다. 비단 정치 지망생만은 아니다. 청년이 떠나는 도시가 아닌, 어떤 분야에서건 청년이 미래를 설계하며 성장할 수 있는 도시가 될 수 있도록 함께 노력하자고 부탁드린다.

허대만 연보

1968 2월 5일 포항시 장기면 금곡리에서 출생.
1975 오천초등학교 입학.
1976 부친 작고. 오천읍 문덕1리에서 일곱 마지기 농사를 짓던 부친은 농한기에 제철소로 막일을 다녔으며 감전사고로 사망함.
      식구들이 포항시내로 나오면서 영흥초등학교로 전학.
1978 영흥초등학교 축구부에 들어감. 당시 영흥초등학교 축구부는 포항시·영일군에서 최강이었음.
1980 신문배달을 시작해 중학교 2학년 때까지 함. 신문배달 세 달치 급여를 모으면 중학교 한 분기 등록금이 되었음.
1981 포항중학교 입학.
1984 대동고등학교 수석 입학. 학비 부담이 없는 구미 금오공고에 진학하려다가 대동고 장학생 시험을 보게 됨.
1987 서울대 정치학과 입학.
1991 경실련 대학생회 가입. 이후 서울대 경실련 대학생회 대표를 맡음.

1993 서울대 정치학과 졸업. 서울대 정치학과 대학원에 입학했으나 한 학기 재학 후 중퇴.
서경석 목사의 권유로 포항경실련 활동 시작.
1995 제1회 전국동시지방선거 포항시의원(송도동)에 출마해 전국 최연소 기초의원 당선.
포항지방의정연구소 이사, 기획실장.
박민정과 결혼.
1998 첫째 승재 출생.
제2회 전국동시지방선거 경북도의원 포항 2선거구에 출마해 낙선(득표율 36.82퍼센트).
허대만은 민주당 당원이었으나 1997년 11월 민주당이 신한국당과 합당, 한나라당이 창당되면서 한나라당 당원이 됨. 제2회 전국동시지방선거를 앞두고 한나라당 박기환 포항시장이 자민련으로 당적을 옮기면서 박 시장과 함께 자민련에 입당함.
반연간 『자치포항』 창간을 주도, 편집인을 맡음.
2000 한국청년연합회(KYC) 운영위원 및 포항KYC 대표 취임.
2002 경북대 행정대학원 졸업(논문 제목:인터넷 이용이 정치과정에 미치는 영향과 그 정치적 함의).
노무현 대통령 후보 경북선대본부 정책기획실장.
『지역을 바꿔야 나라가 바뀐다』 발간.

사이버 문학상 단편소설 가작.
2003　둘째 두헌 출생.
2005　셋째 주현 출생.
2008　제18대 국회의원 선거 포항 남·울릉에 출마해 낙선(득표율 17.06퍼센트, 통합민주당).
　　　　사촌동서의 제안으로 서경산업(주) 부사장을 맡음. 이 회사는 포스코에서 나오는 생석회 부산물과 배가스(排gas, 주로 이산화탄소)를 이용해 탄산칼슘을 생산하는 사업을 함. 허대만은 이 회사에서 설비의 제작, 설치, 운영뿐만 아니라 경영에 적극적으로 참여함.
2009　넷째 단(딸) 출생.
2010　민주당 경북도당 위원장.
　　　　서경산업(주)과 (주)포스코켐텍이 합작해 (주)포스칼슘을 만들었고 허대만은 상무이사를 맡음.
　　　　제5회 전국동시지방선거 포항시장에 출마해 낙선(득표율 18.93퍼센트, 민주당).
2011　3월 (주)포스칼슘 공장이 포항제철소 내에 준공됨. 야당 인사가 포스코 계열사의 임원으로 있을 수 있느냐며 시비를 거는 사람들이 있었음. (주)포스칼슘에서 무보수로 일했던 허대만은 사업 성공에 강한 의지를 가짐.
2012　『영일만의 꿈』 발간.

	제19대 국회의원 선거 포항 남·울릉에 출마해 낙선(득표율 17.84퍼센트, 민주통합당).
2013	(주)에쓰지 대표이사. (주)포스코켐텍이 (주)포스칼슘의 사업성에 회의적인 판단을 함으로써 허대만의 사촌동서와 허대만이 (주)에쓰지를 창업해 사업을 계속 이끌어 감. 하지만 이 사업은 악화일로를 걸었고 이로 인해 허대만은 큰 부담을 떠안게 됨.

2017년 허대만이 행정안전부 장관 정책보좌관에 임명되면서 (주)에쓰지 대표이사는 허대만의 친구인 허정이 맡았고 2022년 12월에 (주)에쓰지는 해산됨.

포항 남·울릉 국회의원 재보궐선거에 출마해 낙선(득표율 18.50퍼센트, 민주당).

2016 위암이 발견돼 수술 받음.

2017 김부겸 행정안전부 장관 정책보좌관에 임명됨.

11월 15일 포항지진 발생. 행정안전부 장관 정책보좌관으로서 재난 수습 임무를 침착하게 수행함. 김부겸 당시 행정안전부 장관은 "그의 도움이 있었기에 국민적 가치관과 부합하는 결정을 이끌 수 있었다"고 술회함. 허대만은 이후 포항지진특별법이 제정되는 데에도 크게 기여함.

2018 더불어민주당 경북도당 위원장.

제7회 전국동시지방선거 포항시장에 출마해 낙선(득표율

42.41퍼센트, 더불어민주당).
2019 위암이 재발됨.
2020 제21대 국회의원 선거 포항 남·울릉에 출마해 낙선(득표율 34.31퍼센트, 더불어민주당).
한국산업인력공단 기획운영이사에 임명됨.
2022 8월 22일 지병으로 작고.
8월 24일 포항종합운동장 시민분향소에서 영결식 거행.
9월 1일 '허대만의 유지를 받아서'를 주제로 지역주의 극복과 국민통합의 선거법 개정 논의(안민석·김두관 의원 공동 주최, 국회 의원회관 제9간담회의실).
11월 30일 모친 작고.
12월 17일 대동고 개교 50주년 기념식에서 고 허대만 동문(12회)에게 특별공로패 수여.
2023 8월 22일 고 허대만 1주기 토론회 '민주당, 지금 무엇을 해야 하는가' 개최(국회 의원회관 제3세미나실).
8월 23일 고 허대만 1주기 추모문화제 개최(포항 그린웨이 오크정원).
2024 8월 23일 고 허대만 2주기 추모 특강 개최(김태일, 허대만법 제정을 위한 과제, 포항 뱃머리 평생학습관 소강당).

공존의 정치

1판 1쇄 인쇄 2025년 8월 12일
1판 1쇄 발행 2025년 8월 22일

기획 허대만추모문집발간위원회
펴낸곳 도서출판 비엠케이

디자인 아르떼203
제작 올북컴퍼니

출판등록 2006년 5월 29일(제313-2006-000117호)
주소 121-841 서울시 마포구 성미산로10길 12 화이트빌 101
전화 (02) 323-4894 팩스 (070) 4157-4893
이메일 arteahn@naver.com

저작권자의 사전동의 없이 이 책의 전재나 복제를 금합니다.

값은 뒤표지에 있습니다.
ISBN 979-11-89703-90-5   03340